Klasse vorbereitet

Abschluss 10

Deutsch

Realschule

W0310986

Schroedel

Klasse vorbereitet

Abschluss 10
Deutsch Realschule

Autor:
Dr. Volker Frielingsdorf verfügt über langjährige Erfahrung als Deutsch- und Geschichtslehrer in verschiedenen Bundesländern. Er bietet Crashkurse zur Prüfungsvorbereitung an und ist seit 2002 als Schulbuchautor tätig.

Unter Mitarbeit von Andrea Heinrichs und Martina Wolff.

© 2010 Bildungshaus Schulbuchverlage
Westermann Schroedel Diesterweg Schöningh Winklers GmbH, Braunschweig
www.schroedel.de

Das Werk und seine Teile sind urheberrechtlich geschützt. Jede Nutzung in anderen als den gesetzlich zugelassenen Fällen bedarf der vorherigen schriftlichen Einwilligung des Verlages. Hinweis zu § 52a UrhG: Weder das Werk noch seine Teile dürfen ohne eine solche Einwilligung gescannt und in ein Netzwerk eingestellt werden. Dies gilt auch für Intranets von Schulen und sonstigen Bildungseinrichtungen.

Auf verschiedenen Seiten dieses Buches befinden sich Verweise (Links) auf Internet-Adressen. Haftungshinweis: Trotz sorgfältiger inhaltlicher Kontrolle wird die Haftung für die Inhalte der externen Seiten ausgeschlossen. Für den Inhalt dieser externen Seiten sind ausschließlich deren Betreiber verantwortlich. Sollten Sie bei dem angegebenen Inhalt des Anbieters dieser Seite auf kostenpflichtige, illegale oder anstößige Inhalte treffen, so bedauern wir dies ausdrücklich und bitten Sie, uns umgehend per E-Mail davon in Kenntnis zu setzen, damit beim Nachdruck der Verweis gelöscht wird.

Druck [1] / Jahr 2010

Herstellung: Sandra Grünberg
Umschlaggestaltung und Layout: Janssen Kahlert Design & Kommunikation GmbH, Hannover
Illustrationen: Ingo Lehnhof, Braunschweig
Redaktion und Satz: imprint, Zusmarshausen
Druck und Bindung: westermann druck GmbH, Braunschweig

ISBN 978-3-507-**22335**-6

Vorwort

Liebe Schülerin, lieber Schüler,

du stehst kurz vor dem Realschulabschluss?
Klasse vorbereitet hilft dir, deine Leistungen im Fach Deutsch richtig einzuordnen und das zu trainieren, was du noch nicht sicher genug beherrschst.

Wie arbeitest du mit diesem Buch?

1 Beginne mit dem Einstiegstest. Bearbeite jeweils einen Teilbereich (A bis F). Gehe dabei die Aufgaben zügig an.

2 Kontrolliere deine Ergebnisse mithilfe der Lösungen im Anhang und notiere deine Ergebnisse im Lernplaner (auf Seite 6).

3 Der Lernplaner gibt dir eine Übersicht darüber, welche Themen dir noch Schwierigkeiten bereiten und welche Kapitel du daher als Erstes bearbeiten solltest. Am Ende jedes Kapitels kannst du mithilfe des Zwischentests deinen Lernfortschritt überprüfen.

4 Nachdem du alle Kapitel durchgearbeitet hast, in denen du noch Schwierigkeiten hattest, bist du fit für den Abschlusstest.

Wenn du im Buch nicht genügend Platz zur Bearbeitung der Aufgaben findest, nimm einfach ein Heft zur Hand.

Viel Erfolg beim Üben mit ***Klasse vorbereitet***!
Volker Frielingsdorf

Inhalt

Lernplaner

1 Bearbeite den Einstiegstest. Kreuze hier an, welches Ergebnis du in den verschiedenen Teilbereichen erzielt hast.

Teilbereich Einstiegstest	☺	😐	☹	**Seiten im Buch**
A Rechtschreibung und Zeichensetzung				Seite 10 bis 29
B Grammatik				Seite 30 bis 45
C Texte beschreiben und analysieren				Seite 46 bis 57
D Argumentieren und Erörtern				Seite 58 bis 71
E Weitere Aufgabenformen				Seite 72 bis 86
F Die Abschlussprüfung				Seite 87 bis 98

2 Bei welchen Teilbereichen hast du ☹ angekreuzt?
Notiere sie in der Tabelle unten. Beginne mit dem schlechtesten Ergebnis.
Bearbeite dann die angegebenen Seiten im Buch der Reihe nach.
Dein Ergebnis im Zwischentest sollte nun mindestens ein 😐 sein.

Teilbereich Einstiegstest	**Ergebnis Einstiegs-test**	**erledigen bis**	**Ergebnis Zwischen-test**

3 Ergänze, wo du im Einstiegstest ein 😐 erreicht hast. In diesen Bereichen bereiten dir wahrscheinlich nur bestimmte Aufgabentypen Schwierigkeiten.
Konzentriere dich auf diese Aufgaben, wenn du das jeweilige Kapitel bearbeitest.
Auch wenn du überwiegend ☺ erzielt hast, hilft dir dieses Buch dabei, noch sicherer zu werden.

4 Kontrolliere deinen Lernerfolg mithilfe des Abschlusstests.

Einstiegstest

A Rechtschreibung und Zeichensetzung

1 Streiche das falsch geschriebene Wort durch.

Letzte Woche wollten wir in unserer Klasse ein interessantes/intereßantes Theaterstück proben, um es dann beim Schulfest der versammelten Elternschaft vorzuspielen /vor zu spielen. Das Stück hieß/hiess „Frankenstein operiert wieder/wider" und kam uns beim gemeinsamen lesen/Lesen und erschließen/Erschließen sehr lustig vor.
Bei den Vorbereitungen kamen wir aber ins Grübeln/grübeln: Wir wussten/wußten nicht, woher wir „echtes" Blut nehmen sollten. Anfangs experimentierten wir mit Ketchup/Ketchub, merkten aber bald, dass/das/daß dieses Rot/rot zu unecht wirkte und eher wie Erdbeermus/Erdbeermuss aussah. Auch die Tomatensoße/Tomatensauce aus Mutters Kühlschrank löste bei uns keine Begeisterungsstürme aus.
So richtig ließ/lies uns das Problem nicht vorankommen/voran kommen. So fassten/faßten wir den Entschluss, unsere Klassenkasse zu plündern und in einem Fachgeschäft, das/dass an der Ecke war, in Theaterblut zu inwestieren/investieren.
Das sah superecht/super echt aus. Das Fläschchen kostete nicht allzu/all zu viel und so konnten wir uns von dem restlichen Geld noch eine grässliche Frankenstein-Maske aus Plastik/Plastick kaufen. Zum aufsetzen/Aufsetzen der Maske blieb leider keine Zeit mehr. Aber was sollte denn jetzt noch schief gehen/schiefgehen?

23

2 Es fehlen sämtliche Satzzeichen. Ergänze sie. Korrigiere auch die Satzanfänge.

Jeden Samstag wenn es regnet spielt unsere Familie Mensch-ärgere-dich-nicht Vater räumt dafür und das macht er stets akribisch extra den hölzernen Esstisch der eine riesig große Platte hat leer danach holt er das flache quadratische mittlerweile zerschlissene Spielbrett heraus auf dem er die Figuren aufbaut das wirkt wie ein Ritual ohne das er sonntags nicht auszukommen scheint diesmal startete meine Mutter ohne mit der Wimper zu zucken nach zwei Runden mit einer Sechs da passierte gleich das erste Malheur denn mein Bruder Klaus den ich häufig nur Körper-Klaus nenne weil er so tollpatschig ist riss eine der Saftflaschen um die ich gegen den Durst bereitgestellt hatte weil er seiner Enttäuschung Luft machen wollte Schweinerei schrie mein Vater als meine Mutter in der nächsten Runde gleich fünfmal hintereinander eine Sechs würfelte vor Mutter hatte Klaus gewürfelt aber das Glück das er sowieso nicht gepachtet hatte war ihm auch diesmal nicht hold und so schmiss Mum drei seiner mühevoll ins Spiel gebrachten hölzernen Figuren raus so ging das die ganze Zeit weiter Klaus hoffte Vater bangte Mutter siegte Mutter uns nicht aus den Augen lassend zeigte dass sie sich über ihre Glückssträhne freute na ja wir sollten das Spiel wohl eher umtaufen in Familie-ärgere-dich-nicht

59

Gesamtpunktzahl Aufgaben 1 und 2 82

Kontrolliere deine Ergebnisse mithilfe der Lösungen (S. 109) und addiere die erreichten Punkte.
Teilbereich A: ☐ 82 bis 66 Punkte: ☺ ☐ 65 bis 41 Punkte: 😐 ☐ 40 bis 0 Punkte: ☹

Lernplaner

Einstiegstest

B Grammatik

3 Bestimme die Satzglieder in diesen Sätzen.

a) Sie schenkten ihr vor kurzer Zeit Turnschuhe.
b) Der Fußballer des Aufsteigers wurde von seinen Managern genau unter die Lupe genommen.
c) Der tosende Sturm machte uns Angst.
d) Das hättest du aus Pflichtgefühl tun sollen!

21

4 Wie lauten die fehlenden grammatikalischen Bezeichnungen?

deutsche Bezeichnung	lateinische Bezeichnung
Eigenschaftswort	
	Aktiv
	Verb
Bindewort	
	Adjektiv
Möglichkeitsform	
	Plusquamperfekt
	Subjekt
Hauptwort	

9

3 **5 Wann wird der Konjunktiv I benutzt, wann Konjunktiv II?**

33 Gesamtpunktzahl Aufgaben 3 bis 5

C Texte beschreiben und analysieren

8 **6 Welche verschiedenen Sprachebenen kennst du, welche davon sollten in einer Klausur nicht vorkommen?**

3 **7 Aus welchen drei Teilen besteht nahezu jede sinnvolle Gliederung?**

5 **8 Welche Angaben gehören unbedingt in die Einleitung einer Textbeschreibung?**

3 **9 Auf welche Gesichtspunkte solltest du bei der Gedichtinterpretation besonders achten?**

19 Gesamtpunktzahl Aufgaben 6 bis 9

Lern planer

Kontrolliere deine Ergebnisse mithilfe der Lösungen (S. 109) und addiere die erreichten Punkte.

Teilbereich B: ☐ 33 bis 26 Punkte: ☺ ☐ 25 bis 17 Punkte: 😐 ☐ 16 bis 0 Punkte: ☹

Teilbereich C: ☐ 19 bis 15 Punkte: ☺ ☐ 14 bis 10 Punkte: 😐 ☐ 9 bis 0 Punkte: ☹

D Argumentieren und Erörtern

10 Welche Form der Erörterung bietet sich bei den folgenden Themen an?

a) Ist es sinnvoll, lieber zu jobben als für die Schule zu pauken?
b) Wie kann Journalismus verantwortlich mit Katastrophen umgehen?
c) Wäre es wünschenswert, die Wehrpflicht abzuschaffen?
d) Leichte Drogen sollten legalisiert werden! 4

**11 Was versteht man unter einer Erörterung?
Was bedeuten in diesem Zusammenhang „pro" und „kontra"?** 4

12 Dir ist die Aufgabe gestellt, eine Texterörterung zu schreiben. Nenne die Arbeitsschritte und beschreibe kurz, wie du bei einer solchen Aufgabe vorgehst. 7

13 Es ist gar nicht so leicht, am Ende einer Erörterung einen guten Schluss zu finden. Was solltest du dabei beachten? 4

Gesamtpunktzahl Aufgaben 10 bis 13 19

E Weitere Aufgabenformen

**14 Wie heißen die beiden Formen der Protokolle?
Was ist beim Schreiben eines Protokolls zu beachten?** 4

**15 Welche Textsorten gibt es beim produktiven Schreiben? Nenne sechs.
Warum kann diese Aufgabenform besonders interessant sein?** 8

Gesamtpunktzahl Aufgaben 14 und 15 12

F Die Abschlussprüfung

**16 Welche Aufgabenformen gibt es üblicherweise in der Abschlussprüfung?
Nenne drei.** 3

17 Wie teilt man sich in einer Abschlussklausur in Deutsch am besten die Zeit ein? 3

18 Welches sind die drei wichtigsten Bewertungskriterien für eine Deutschklausur? 3

Gesamtpunktzahl Aufgaben 17 bis 19 9

Kontrolliere deine Ergebnisse mithilfe der Lösungen (S. 109/110) und addiere die erreichten Punkte.

Teilbereich D: ☐ 19 bis 15 Punkte: ☺ ☐ 14 bis 10 Punkte: 😐 ☐ 9 bis 0 Punkte: ☹

Teilbereich E: ☐ 12 bis 10 Punkte: ☺ ☐ 9 bis 6 Punkte: 😐 ☐ 5 bis 0 Punkte: ☹

Teilbereich F: ☐ 9 bis 7 Punkte: ☺ ☐ 6 bis 5 Punkte: 😐 ☐ 4 bis 0 Punkte: ☹

Lern planer

Rechtschreibung und Zeichensetzung

Vorschau
- → Groß- und Kleinschreibung
- → Getrennt- und Zusammenschreibung
- → Schreibung der s-Laute
- → Schreibung von Fremdwörtern
- → Satzzeichen richtig setzen
- → Texte überarbeiten – Übungsstrategien entwickeln

Groß- und Kleinschreibung

REGEL

Groß- und Kleinschreibung
- Satzanfänge, Namen und Nomen (= Substantive) werden großgeschrieben. Auch Adjektive und Verben können nominalisiert (= substantiviert) werden. Viele Nomen kann man an ihren typischen Endungen erkennen: *Anhäuf**ung**, Vergangen**heit**, Unfehlbar**keit**, Erkennt**nis**, Freund**schaft**, Schick**sal**, Zipper**lein**, Find**ling**, Eigen**tum**, Teil**chen**.*
- Häufig werden Nomen durch **Erkennungswörter** angekündigt: Artikel *(**das** Haus)*, Adjektive *(das **bunte** Haus)*, Pronomen *(**dieses** Haus, **einige** Häuser, **ihr** Haus)*, Präposition plus Artikel *(**beim [bei dem]** Gehen, **zum** Essen, **im** Garten)*.

Groß schreibt man außerdem:
- Nomen, die eine Zeit angeben: *am nächsten Dienstag, gestern Nachmittag …*
- Pronomen der Höflichkeit: *Sehr geehrte Frau Göhrlich, **Sie** erhalten hiermit eine Antwort auf **Ihr** Schreiben vom …*
- Adjektive in **Namen**sbezeichnungen: *der **Kölner** Dom, der **Westfälische** Friede*
- Bezeichnungen für etwas, das es nur einmal gibt: ***Pazifischer** Ozean …*

Klein schreibt man dagegen,
- wenn man das Adjektiv nach einem Nomen einspart, nachdem es zuvor genannt wurde: *Die komplizierten Arbeiten erledige ich zuerst. Die **leichten** mache ich danach.*
- wenn **Herkunft**sbezeichnungen auf **-isch** enden: ***indische** Küche, **friesischer** Tee …*

TIPP

Auch **Numerale** (Zahlwörter) können als Nomen gebraucht werden. Dann werden sie meist von einem Erkennungswort begleitet oder sind Teil eines Eigennamens: *der Zehnte, der Dritte im Bunde, das Fünffache von 10, die Null …*

TIPP

Ziemlich schwierig ist die Groß- und Kleinschreibung bei den Zeitangaben. Hierbei musst du Folgendes beachten:

Zeitangaben werden großgeschrieben:
- als Substantive, z.B.: *der Morgen; am (= an dem) Nachmittag; diesen Abend*
- als Substantive, auch wenn ein Wochentag und eine Tageszeit zusammengesetzt sind, z.B.: *am Samstagmorgen; der Montagabend*
- nach den Adverbien *(vor-)gestern, heute, (über-)morgen*, z.B.: *gestern Mittag, heute Abend*

Zeitangaben werden kleingeschrieben:
- als adverbiale Zeitbestimmung, z.B.: früh, morgen, spät
- wenn ein **s** angehängt ist, z.B.: morgens, nachts, samstags, samstagabends

1 Ergänze in den Lücken die Zeitangaben in der jeweils richtigen Schreibweise.

Eine misslungene Verabredung

Denise: Weißt du schon, was du .... (MORGEN?ABEND) machen wirst?

Kai: Am .... (FREITAG) werde ich wohl bis spät in die .... (NACHT) vor dem Computer sitzen und an meinem Englisch-Referat arbeiten, das ich .... (GESTERN) aufgebrummt bekommen habe.

Denise: Und was machst du am .... (SAMSTAG)?

Kai: Am .... (VORMITTAG) werde ich ausschlafen, ... (MITTAGS) werde ich wie jeden .... (SONNABEND) für meine Eltern kochen und .... (ABENDS) treffe ich mich mit meinen Freunden. Aber was machst du denn .... (HEUTE?ABEND)?

Denise: Lass mich mal überlegen ... Ach ja, ... (DONNERSTAGS?ABENDS) habe ich Handballtraining. Wie ist es mit .... (SONNTAG?NACHMITTAG)?

Kai: Am .... (VORMITTAG) haben wir immer unser Familienfrühstück und .... (SONNTAG?MITTAG) fahren wir zum Geburtstag meiner Tante.

Denise: Dann treffen wir uns eben .... (NÄCHSTE?WOCHE).

2 **In diesem Text ist einiges schiefgelaufen. Markiere die Wörter, die du eigentlich großschreiben musst, und unterstreiche die passenden Erkennungswörter. An manchen Stellen kannst du in Gedanken ein Erkennungswort ergänzen.**

Bewerben im Internet

Immer mehr zusatzqualifikationen und fachwissen werden auf der suche nach arbeit von bewerbern gefordert. Der gang zum arbeitsamt und das studieren der tageszeitung reichen oft nicht mehr aus. Das bewerben im internet spart nicht nur zeit und geld, sondern beweist auch kenntnis des bewerbers in sachen internet. Am besten sucht man auch in jobbörsen nach passenden angeboten. Zu den jobbörsen führen suchmaschinen, zum beispiel www.google.de. Viele jobs und ausbildungsstellen werden auch von den meisten tageszeitungen im internet angeboten. Hat man eine stelle gefunden, nimmt der bewerber den ersten kontakt zu dem unternehmen auf, am besten über e-mail oder telefon. Die kontaktaufnahme sollte, wie die schriftliche bewerbung auch, gut strukturiert, ein realistisches bild der persönlichen fähigkeiten und kein griff nach den sternen sein, sondern kurz und sachlich auf den punkt kommen. Trotz aller guten tipps gilt jedoch für das bewerben im internet die devise „Learning by doing". Je mehr der bewerber ausprobiert, desto höher steigt seine chance auf eine positive antwort.

TIPP

Erkennungswörter (Artikel, Adjektive, Pronomen, Präpositionen + Artikel) helfen dir, Nomen richtig zu schreiben: **der** Garten, **strahlende** Sonne, **dieses** Essen, **beim** Spielen. Als Erkennungswörter helfen dir auch Präpositionen (**ohne** Fehler) und Numerale (**zehn** Bücher).

REGEL

Neben **Verben** und **Adjektiven** können Wörter anderer Wortarten zu Nomen werden.
Adverbien: *Sie denken nur ans* ***Hier*** *und* ***Heute.***
Konjunktionen: *Man soll nicht zu oft das* ***Wenn*** *und* ***Aber*** *bedenken.*
Numerale: *Kevin hat eine* ***Fünf*** *geschrieben.*
Präpositionen: *Seine schulische Leistung war ein dauerndes* ***Auf*** *und* ***Ab.***
Pronomen: *Sie stehen vor dem* ***Nichts.***

3 **Welche Schreibweise ist die richtige? Streiche die falsche Variante durch und unterstreiche die Erkennungswörter, sofern vorhanden.**

a) Gestern lief mein Vater im Zimmer ständig hin und her / Hin und Her.
b) Er tat das, weil ich beim bewerben / Bewerben nur Absagen bekommen hatte.
c) Aber dieses ständige hin und her / Hin und Her nervte mich gewaltig.
d) Sein dauerndes wenn und aber / Wenn und Aber verzögerte unser Gespräch.
e) Dabei gingen die beiden / Beiden mit mir durch dick und dünn / Dick und Dünn.
f) Er lief immer wieder vor und zurück / Vor und Zurück.
g) Beim vor und zurück / Vor und Zurück merkte er gar nicht, dass ich wartete.
h) Auch meine Mutter rannte aufgeregt rein und raus / Rein und Raus.
i) Dann platzte mir bei dem ewigen rein und raus / Rein und Raus der Kragen.

REGEL

Es gibt einige feste Wendungen, die aus Präposition und Adjektiv bestehen, die du kleinschreibst: in bar, von nah, von früh auf, auf ewig, über kurz oder lang, schwarz auf weiß ... – diese Adjektive sind nicht dekliniert.
Kommen sie aber in deklinierter Form vor, kannst du sie sowohl groß- als auch kleinschreiben: vor kurzem/vor Kurzem, seit langem/seit Langem, ohne weiteres/ohne Weiteres ...

4 Welche Ausdrücke schreibst du klein, welche groß? Ordne die Wörter in die Tabelle.
ETWAS BESONDERES, BEIM SUCHEN, VON FRÜH BIS SPÄT, IM FOLGENDEN, DER NÄCHSTE, DIE BEIDEN, ZUM NACHDENKEN, DAS WENIGSTE, DURCH DICK UND DÜNN, DAS DRUM UND DRAN, INS GRÜNE, SEIT GESTERN, MITTWOCHS ABENDS, ~~BEI WEITEM~~, VON FERN, ETWAS INTERESSANTES, IM VORAUS, ~~DES WEITEREN~~, DAS NEUSTE, ETWAS ANDERES

Großschreibung	Kleinschreibung	Groß- oder Kleinschreibung
des Weiteren		*bei weitem / bei Weitem*

5 Hier noch eine Nuss zum Knacken: Schreibe den Text in der richtigen Groß- und Kleinschreibung in dein Heft ab. Setze vorher Trennstriche zwischen die einzelnen Wörter.

Zweifel

der|heutige|redner|wareinesieundkeiner. alssieausführte, vordemgesetzgebeeskeinobenundkeinunten, warenbeidenzuhörerneinskeptischesohundeinabfälligesahzuvernehmen. dierednerinbliebjedochohnewennundaberbeiihrerposition, auchalsjemandstörenddazwischenrief. siemeinte, mankönnezwarimallgemeinendasfürundwiderallerstandpunkteerörtern. indiesemfalleseiaberauchnachvielemhinundherindergeschichtedieses rechtsprinzipeindeutigverwirklichtworden.

Der heutige Redner war ...

Richtig getrennt und zusammenschreiben

REGEL

Richtig getrennt und zusammenschreiben

Im Normalfall werden Wörter durch Zwischenräume voneinander getrennt.

- Verbindungen von **Verb und Verb** schreibst du in der Regel getrennt: *baden gehen ...*
  Verbindungen mit bleiben oder lassen als weiteren Bestandteil können wahlweise getrennt oder zusammengeschrieben werden, sofern die Verbindung im übertragenen Sinne verwendet wird: *stehen lassen/stehenlassen (= nicht länger beachten).*
- Verbindungen von **Adjektiv und Verb** werden zusammengeschrieben, wenn durch die Verbindung zweifelsfrei eine neue Gesamtbedeutung entsteht: *jemanden freisprechen (= jemanden von einer Schuld entbinden).*
- **Nomen** und **Verben** bilden in der Regel eine Wortgruppe und werden getrennt geschrieben: *Auto fahren, Ski laufen ...; Rad fahren → ich fahre Rad*
  Nomen können mit Verben untrennbare Zusammensetzungen bilden: *brandmarken, nachtwandeln ...; bergsteigen (ich „steige Berg"* geht nicht).
- Verbindungen aus **Adverb und Verb** schreibt man in der Regel zusammen, wenn hauptsächlich der erste Bestandteil des Wortes betont ist: *auseinandersetzen, wiederkommen, niederlegen ...*
- Wortgruppen mit **sein** schreibst du stets getrennt: *ich werde dabei sein, pleite sein ...*
- Adjektive, die auf **-ig, -isch oder -lich** enden, schreibst du getrennt vom Verb oder dem anderen Adjektiv: *spöttisch lächeln, winzig klein ...;*
  bei Bedeutungsveränderung schreibst du zusammen: *übrigbleiben (= keine andere Wahl haben).*

Du schreibst **zusammen**, wenn der erste Teil eine bedeutungsverstärkende oder -vermindernde Funktion hat: *bitterkalt, riesengroß, superschwer ...*

6 Fülle die Lücken mit den Wörtern aus den Klammern.

Die verflixten Hausaufgaben

Liz war heute extra zu Hause geblieben, um den (riesig?groß) .... Berg von Hausaufgaben zu erledigen und ihrem Vater zu zeigen, dass sie die Schule jetzt wirklich (ernst?nehmen) .... wollte. Draußen war es sowieso (nass?kalt) ...., sodass ihr das Arbeiten nicht besonders (schwer?fallen) .... würde. Erst hatte sie überlegt, sich (krank?melden) ...., doch das wäre sicherlich (schief?gehen) .... Also nahm sie sich vor, ihre Aufgaben diesmal besonders (gut?machen) ...., und machte sich daran, die (winzig?klein) .... Buchstaben des Textes zu entziffern und den Lückentext auszufüllen. Wurde das Wort nun (klein?schreiben) .... oder vielleicht groß? Wurde dieses Wort (zusammen?schreiben) .... oder getrennt? Um nicht einfach nur die Zeit (tot?schlagen) .... und endlich mal etwas (voll?enden) .... zu können, wollte sie erst einmal die Matheaufgaben (fertig?stellen) .... Das klappte auch. Mit ihrem kleinen, (blau?grauen) .... Taschenrechner als Hilfe konnte wirklich nichts (schief?gehen) .... Plötzlich hörte sie hinter sich Geräusche: „Na, wie (voran?kommen) .... du ....?“ Es war ihr Vater. „Hey, bist du (taub?stumm) ....?“, fragte er Liz (tot?ernst) ...., als sie nicht antwortete.

„Mathe hab ich ja schon fertig, aber Deutsch fällt mir schwer. Das darfst du mir nicht (übel?nehmen) ....!“, antwortete sie (klein?laut) ....

„Ach, warum denn? Das können wir doch auch (zusammen?machen) .... Ich bereite schnell einen Kakao vor, und dann setzen wir uns gemeinsam hin!“ Liz seufzte – auf diese Weise konnte man es sich doch auch mit Hausaufgaben so richtig (gut?gehen) .... lassen ...

TIPP

Manchmal wird allein durch die Schreibweise das Verständnis deutlich: „Bei einem Referat sollte man möglichst **frei sprechen.**“ Schreibst du diese Wörter getrennt, so drückst du aus, dass der Referent spricht, ohne abzulesen. Das heißt, du schreibst getrennt, wenn beide Wörter ihre ursprüngliche Bedeutung behalten. „Der Richter will den Angeklagten **freisprechen.**“ Schreibst du diese Wörter zusammen, so drückst du aus, dass dem Angeklagten keine Schuld gegeben wird. Das heißt, du schreibst zusammen, wenn die Zusammensetzung eine andere Bedeutung erhält.

7 Getrennt oder zusammen? Ergänze die Lücken mit der richtigen Schreibweise. Überlege, welche Regel du jeweils anwenden musst.

Christian will seine Vokabeln (auswendig?lernen) ....

Das kann Katrin wirklich nie wieder (gut?machen) ....

Vor der nächsten Klassenarbeit sollte ich den Stoff wirklich gründlich (wieder?holen)

....

Mein Onkel hat endlich zu dem Termin (zu?sagen) ....

Beim Umzug können wir das Sofa (zusammen?tragen) ....

Den Kuchen hast du wirklich (gut?machen) ....

Frederik und Ines müssen ständig (aneinander?denken) ....

Auf dem Jahrmarkt gibt es eine Frau, die (wahr?sagen) .... kann.

Natürlich wird das Leben (weiter?gehen) ....

Du musst dich jetzt wirklich mal (zusammen?reißen) ....

Ich habe heute von der 2. bis zur 4. und von der 6. bis zur 8. Stunde Unterricht,

(dazwischen?fahren) .... ich zu meiner Großmutter.

St. Pauli hat einen verdienten Sieg (davon?getragen) ....

REGEL

Manchmal bleibt es dem Schreiber überlassen, ob er Wortbestandteile als Zusammensetzung (Zusammenschreibung) oder als Wortgruppe (Getrenntschreibung) auffasst:

anstelle* oder *an Stelle — ***aufgrund* oder *auf Grund***
aufseiten* oder *auf Seiten — ***sodass* oder *so dass***
zugrunde gehen* oder *zu Grunde gehen — ***zugunsten* oder *zu Gunsten***

Präge dir ein: so viel (als Konjunktion: soviel), so viele, wie viel, wie viele, zu viel, zu wenig, irgendetwas, irgendjemand, irgendwer, irgendwann, anhand, stattdessen, zuliebe, infolge, inmitten, zuallerletzt, ohne dass, statt dass, außer dass, gar nicht, gar kein ...

8 **Markiere die 18 Fehler in diesem Text. Schreibe den Text richtig ab.**

Mein Freund ist manchmal so eng stirnig, dass man keines wegs mit ihm reden kann. Mitunter ist mir sein Verhalten dann ein wenig zu groß spurig. Infolge dessen wirkt er zeit weilig auch wie weg getreten. Auf bestimmte Vorfälle reagiert er irgend wann nur noch kalt schnäuzig. Das kann man ihm dann richtig übelnehmen, zum Beispiel wenn er beim Fern sehen nicht durch die Kanäle zappen darf. Dann guckt er richtig sauer töpfisch. Auch bei einer Familienfeier kriegt er meist irgendwann einen Koller. Statt sitzenzubleiben, wenn alle miteinanderreden, steht er zu meist auf, um ab zu hauen. Aber wenn es wirklich daraufankommt, wenn ich mich richtig auf ihn verlassen muss, dann schaut er meistens gut mütig drein und steht hinter mir. Deshalb mache ich mir garkeine Sorgen.

s, ss, ß

REGEL

s, ss und ß (Sprechprinzip)
Die Schreibung des scharfen (stimmlosen) s-Lautes richtet sich wie bei der Schreibung anderer Konsonanten nach dem vorangehenden Vokal (lang oder kurz).
– Nach kurzem Vokal steht **ss:** *Messe, er frisst …*
– Nach langem Vokal steht **ß:** *fließen, Straße, Maße (im Gegensatz zu Masse) …*
Das weiche (stimmhafte) **s** schreibst du immer **s:** *lesen, leise, reisen, Häuser …*

REGEL

Wenn die erste betonte Silbe eines Wortes einen langen Vokal oder **au, äu, eu, ei, ai** enthält, also offen ist, wendest du diese Regeln an:

- Beginnt die folgende Silbe mit stimmhaftem **s** (weich), wird **s** geschrieben: Ra-**s**en, Häu-**s**er, le-**s**en, sau-**s**en …
- Beginnt die folgende Silbe mit stimmlosem **s** (scharf, zischend), wird **ß** geschrieben: Ma-**ß**e, hei-**ß**en, drau-**ß**en, sto-**ß**en …

Alle anderen Wortformen dieser Wörter behalten das **s** bzw. das **ß** bei:
le-**s**en, er lie**s**t, er la**s** … / Häu-**s**er, das Hau**s**, häu**s**lich, Häu**s**lichkeit …
hei-**ß**en, er hei**ß**t, er hie**ß** … / Ma-**ß**e, das Ma**ß**, ma**ß**voll, Mä**ß**igkeit …
Bei zweisilbigen Wörtern, bei denen **st** im Wortstamm selbst vorkommt, schreibst du immer **s** – gleichgültig, ob der Vokal kurz oder lang ist:
das Ge-**st**ein, ge-**st**olpert, der Hu**s**-ten, das La**s**-ter …
Wörter mit den Endungen **-nis, -is, -as, -os** und **-us** werden mit **s** geschrieben.

9 Setze s oder ß ein. Bilde, wenn nötig, eine zweisilbige Form.

barfu__, der Ra__en, lei__e, ra__ten, konfu__, der Applau__, der Kie__, gie__en, der Atla__, au__erdem, der Grie__, der Kürbi__, er stie__, das Gefä__, der Hinwei__, hu__ten, der Erlö__, wei__, der Schmau__ das Hau__, das Rhinozero__, ro__ten, sie sau__te, das We__en, flei__ig, ko__ten, das Geheimni__, genie__en, der Bewei__, der Ha__e, der blo__e Fu__, er blie__, der Gru__, das Verlie__, das Ma__, der Globu__, lei__ten, der Bu__, er stie__, der Rie__e, die Finsterni__, die So__e, das Zeugni__, der Flei__, die Anana__, drau__en, die sü__e Koko__makrone, der Sto__, die Va__e, die Fa__tenzeit, sie hei__t, der Kroku__, unge__tört, das Versäumni__, tau__end, die Fruchthül__e, der Spie__, mei__tens, die In__el, die gro__e La__t, der Mi__t, die Ma__ern, ba__teln, die Wie__en, das Gemü__e, eine rie__ige Na__e, ha__ten

10 **Setze s, ss oder ß ein. Bilde als Entscheidungshilfe, wenn nötig, eine zweisilbige Form.**

Wie un…er, gro… gewachsener Nachbar hie…, wu…ten wir lange Zeit nicht. Er war recht höflich und grü…te immer zuerst. Au…erdem war er spa…ig und wollte immer die neue…ten Witze wi…en. Sehr selbstbewu…t kam er uns jedoch nicht vor. Neulich hat er den Schlü…el innen im Schlo… seiner Terra…enwohnung stecken la…en. Er konnte sein Pech nicht fa…en und war über alle Ma…en verärgert. Auf Nachfragen reagierte er zunächst recht verschlo…en. Vollends gela…en wurde er erst, als er sich bei uns bei einer Ta…e Tee entspannte. „Übrigens, mein Name ist Rüdiger Verge…lich."

TIPP

Wenn du unsicher bist, verlängere das Wort, sodass es zweisilbig wird: Hau… → Häu-ser, Gra… → Grä-ser, hei… → hei-ße Luft Überprüfe, ob der Vokal in der verlängerten Form lang ist und ob der s-Laut stimmhaft oder stimmlos ist.

REGEL

- Wenn die erste betonte Silbe eines Wortes einen kurzen Vokal enthält bzw. der stimmlose s-Laut (scharf, zischend) zwischen zwei kurzen Vokalen steht, ist die erste **Silbe geschlossen.** Deshalb schreibst du **ss:** *fas-sen, küs-sen …* In allen anderen Wortformen dieser Wörter schreibst du auch ss: *fas-sen, er fasst, das Fass …*
- Tritt in der verwandten Wortform ein langer Vokal auf, ist die Silbe mithin **offen**, schreibst du **ß**: *wis-sen, ich wusste; aber: ich weiß.*

11 **Entscheide, welchen s-Laut du jeweils einsetzen musst (Wortfamilie).**

a) flie…en, er flo…, geflo…en, flü…ig, Flu…, flie…end, Flie…papier, Flie…band
b) hei…en, er hie…, gehei…en
c) bei…en, sie bi…, gebi…en, Bi…, Bi…en, bi…chen
d) schlie…en, er schlo…, geschlo…en, Schlie…fach, Schlie…muskel, Verschlu…
e) sto…en, er stö…t, Ansto…, Sto…dämpfer, sto…sicher, sto…weise, Sto…verkehr

„Das“ und „dass“ unterscheiden

REGEL

- Das **Relativpronomen „das“** leitet Relativsätze ein und bezieht sich auf ein Nomen im Hauptsatz: *Dieser Rucksack gehört dem Mädchen,* ***das*** *ich gestern kennengelernt habe.*
  Übrigens: Der eingeschlossene Relativsatz wird am Anfang und am Ende durch Kommas abgetrennt: *Das Mädchen,* ***das ich gestern kennengelernt habe,*** *hat seinen Rucksack vergessen. Das Treffen,* ***auf das ich mich freue,*** *findet am Donnerstag statt.*
- Mit der **Konjunktion „dass“** wird meistens ein Gliedsatz eingeleitet. Die Konjunktion „dass“ bezieht sich häufig auf ein (vorausgehendes) Verb: *Es ärgert mich,* ***dass*** *ich morgen nicht am Sportfest teilnehmen kann.* ***Dass*** *ich morgen nicht am Sportfest teilnehmen kann, ärgert mich.*

12 **Schreibe die folgenden Sätze auf einen Zettel und verbinde sie mit „das“ oder „dass“. Achtung: Komma nicht vergessen!**

a) Martin freute sich furchtbar. Es schneite endlich.
b) Er dachte kaum darüber nach. Den Autofahrern bereitete der plötzliche Wetterumschwung ziemliche Probleme.
c) Das sichere Fahren im Auto war ohne Winterreifen unmöglich. Das Fahren war bei diesem Schneefall ein hohes Risiko.
d) Dennoch saß Martin am Fenster und amüsierte sich. Viele Verkehrsteilnehmer schlitterten wie auf einer Skipiste.
e) Eine Frau rutschte auf ihren glatten Sohlen aus und fiel hin. Er lachte darüber.
f) Einige Hunde sprangen durch das Schneetreiben. Dieses wurde immer dichter.
g) Langsam wurde ihm etwas klar. Die Schule würde heute nicht pünktlich beginnen.

13 **Ergänze in den Lücken das Relativpronomen „das“ oder die Konjunktion „dass“. Unterstreiche das Bezugswort.**

Beim Snowboardfahren, ... sich immer größerer Beliebtheit erfreut, sollte luftdurchlässige Kleidung getragen werden. Somit wird sichergestellt, ... ein Überhitzen des Körpers vermieden wird. Das Tragen von Handschuhen, ... zur Sicherheit beiträgt, ist Pflicht. Empfohlen wird, ... Helme getragen werden. Es sollte auch darauf geachtet werden, ... geeignete Sonnenbrillen eingesetzt werden. Zudem ist es erforderlich, ... Sonnenschutzmittel benutzt werden.

TIPP

Dass-Sätze stehen oft nach Verben wie *wissen, meinen, sagen, behaupten, lesen, vermuten, denken, sich freuen, bedauern, hoffen, verstehen usw.* Wenn du unsicher bist, ob du **das** oder **dass** einsetzen musst, führe die **Ersatzprobe** mit **dieses** oder **welches** durch.

REGEL

Die Konjunktion **dass** (K) wird häufig mit dem Demonstrativpronomen **das** (D) verwechselt.

- Dabei bezieht sich das **Demonstrativpronomen** auf den **Satz**, der vorangeht: *Wir haben den Urwald besucht,* ***das (D)*** *war unheimlich aufregend.*
- Die **Konjunktion** leitet dagegen einen Gliedsatz ein: *Das (D) ist schön,* ***dass (K)*** *du das nächste Mal mit uns kommen wirst.*

14 Setze „das" oder „dass" in die Lücken ein. Ergänze auch die fehlenden Kommas.

Ein Bericht aus dem Urwald

.... war ein Abenteuer .... ich nicht vergessen werde: .... Tropengewitter .... zwei Stunden angedauert hat ist endlich vorbei. Es ist klar .... wir unseren Weg durch den Urwald nun fortsetzen können. Die Luft ist zum Schneiden dick. .... war aber vorauszusehen. Schwer fällt uns .... Atmen .... uns zu Hause keine Probleme bereitet. Immer wieder müssen wir anhalten. .... verzögert .... Vorankommen. Undurchdringlich erscheint .... Unterholz .... uns mit armdicken Schlingpflanzen und meterdicken Baumstämmen den Weg versperrt. .... Freischlagen des Pfades mit Haumessern gestaltet sich schwierig. Deutlich zu spüren ist .... die Beine anschwellen und schwer werden. .... ist eine ganz schöne Tortur. Wir schleppen uns so mühsam weiter .... der Atem immer schneller geht. Kein Sonnenstrahl dringt durch .... Blätterdach .... die Bäume bilden. Am Abend rasten wir an einem verlassenen Dorf .... halb verfallen ist. .... entfachte Feuer tut so gut .... die Strapazen weniger schlimm erscheinen. Ich weiß .... ich todmüde bin doch der Urwald hält mich wach – .... ist noch viel anstrengender, wenn man eigentlich schlafen möchte. Ringsum spielt der tropische Regenwald .... Nachtkonzert .... tausend Tiere kreischen und pfeifen. Ich muss feststellen .... nächtliche Höllenspektakel einen nicht zur Ruhe kommen lässt. .... ist kein Urlaub .... ist Abenteuer pur.

Fremdwörter richtig schreiben

REGEL

Etwa jedes vierte deutsche Wort hat seinen Ursprung in einer anderen Sprache.
- Grundsätzlich darfst du Fremdwörter so schreiben, wie sie in ihrer ursprünglichen Sprache geschrieben werden.
- Bei etlichen Fremdwörtern ist die Schreibweise aber **angepasst** worden: *Photographie / Fotografie, Delphin / Delfin, Ketchup / Ketschup ...*
- Wenn du dich an den Suffixen (Endungen) orientierst, kannst du Fehler vermeiden, denn die werden meistens gleich geschrieben: **-ieren, -iv, -age, -eur/eurin, -tion, -ik, -iz, -um, -ine, -ur, -ie, -in ...** *(Friseur, Rage)*
- Während Wörter mit **ph** aus dem Griechischen allmählich eingedeutscht werden, bleiben **th** und **rh** in den meisten Fremdwörtern erhalten: *These, Sympathie.* Zwei Schreibweisen sind möglich bei *Thunfisch (Tunfisch), Panther (Panter), Katarrh (Katarr), Myrrhe (Myrre).*

15 Suche aus einem Wörterbuch jeweils eine weitere Schreibmöglichkeit heraus. Schlage auch die Bedeutung des Wortes und die Herkunftssprache nach.

Fremdwort	2. Schreibmöglichkeit	Bedeutung	Herkunftssprache
Sauce	*Soße*	*Tunke*	*französisch*
circa			
Shrimps			
Mayonnaise			

16 Unterstreiche die richtige(n) Schreibweise(n) und streiche die falsche(n) durch.

Fotografie – Photographie – Fotographie – Photografie
Strofe – Strophe – Strohfe – Strohphe
Diftong – Diphthong – Difthong – Diphtong
Filosophie – Vielosophie – Philosophie – Philosofie
Mehgaphon – Megaphon – Megafon – Megahfon

17 Versuche, das Fremdwörter-Rätsel zu lösen:

Denker und Freund der Weisheit:
Bei R. M. Rilke hinter Gitterstäben:
Geschenk der Heiligen Drei Könige:
Das Gefühl dafür sollte man beim Tanzen haben:
Verursacht Schmerzen in den Gelenken:

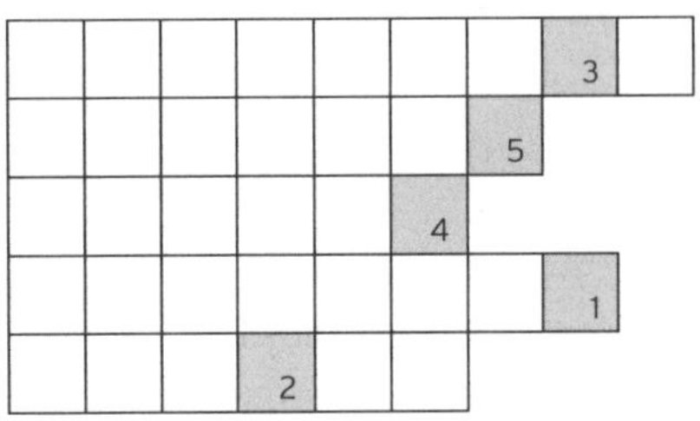

Lösungswort:

1	2	3	4	5

Satzzeichen setzen

REGEL

Du weißt, dass zu jedem gebeugten Verb fast immer ein Satzzeichen gehört. Also überall dort, wo eine Sinneinheit aufhört und eine neue beginnt. Diese Regeln sind dir bekannt:

1. Wenn Hauptsätze durch Konjunktionen oder durch Kommas verbunden werden, entsteht eine **Satzreihe:** HS **und** HS / HS, HS ... (HS = Hauptsatz).
2. Ein **Satzgefüge** ist die Verbindung von Hauptsatz und Gliedsatz oder von Hauptsatz und Relativsatz. Im Hauptsatz (Aussage-Hauptsatz) ist die Personalform des Verbs das zweite Satzglied. Im Gliedsatz und im Relativsatz steht die Personalform des Verbs an letzter Stelle. Achte auf Konjunktionen (**weil, bis, dass, als, wenn, da, wie** ...) und auf Relativpronomen (**der, die, das** ...): HS, NS / NS, HS / HS, NS, HS ... (NS = Nebensatz).
3. Vor **und** bzw. **oder** setzt du kein Komma, außer es folgt nach **und** ein vollständiger Satz. Dann **kannst** du ein Komma setzen.
4. Bei Aufzählungen werden Kommas eingefügt.
5. Ergänzungen, die eingeschoben werden, enthalten nicht immer ein Verb, bilden aber trotzdem eine Einheit (Anrede, Ausruf, Datum, Apposition, Betonung, Parenthese).

18 Unterstreiche jeweils die Verbform und markiere mithilfe von Klammern, wo die Sinneinheiten beginnen und aufhören. Setze Kommas.

Über Massenmedien

[Massenmedien sind allgemein dadurch gekennzeichnet], [dass sie sich an eine Masse richten]. Dies ist ein Publikum das nach Alter Bildungsstand und Anzahl unbestimmt zusammengesetzt ist und nicht an einem Ort versammelt ist. Die herkömmlichen Massenmedien sind für jedermann zugänglich wirken nur in eine Richtung und machen eine direkte Kommunikation nicht möglich. Sie können also nur auf indirektem Wege zur Wirkung kommen nämlich durch technische Hilfsmittel wie Rotationsdruck Funkwellen Sende- und Empfangsgeräte. Massenmedien kann man als Transportmittel der indirekten Kommunikation bezeichnen die im Leben der Menschen einen größeren Raum einnimmt als die direkte Kommunikation. Diese direkte Form findet in der Familie mit Freunden und Bekannten oder mit Kollegen am Arbeitsplatz statt. Wenn wir mit Fremden über Politik über Sportereignisse über den neuesten Film reden merken wir dass fast alle ihr Wissen oft auch ihre Meinung aus den Medien beziehen.

REGEL

Gliedsätze werden mit Konjunktionen eingeleitet (Konjunktionalsätze).
Ein Gliedsatz ist zwar ein Satz, zugleich aber auch ein Satzglied im Hauptsatz.
Viele Gliedsätze sind adverbiale Bestimmungen, die durch Konjunktionen (**wenn, weil, solange, obwohl** ...) eingeleitet werden.
Sie können vorangestellt, nachgestellt oder eingeschoben werden.

19 **Markiere jeweils die Konjunktion. Setze die Kommas und unterstreiche den Hauptsatz (mit einer ununterbrochenen Linie) und die Konjunktionalsätze (mit einer gestrichelten Linie).**

Keine Laune der Natur

In England wollten zwei Farmer ihre Schafe davor bewahren, dass sie Fußfäule bekommen. Sie wollten das verhindern indem sie ihnen Gummihandschuhe anzogen. Der britischen Volkswirtschaft würde durch Fußfäule wie sie meinten ein Schaden von einer Million Pfund Sterling entstehen. Sie müssten sich aber klar darüber sein dass über kurz oder lang ein solcher Schutz für die Schafe nicht ausreicht. Wenn sie nämlich vor Erdfeuchtigkeit geschützt werden kommen sicher bald andere Krankheiten hinzu.
Die Tiere werden nämlich dadurch dass man sie verwöhnt bald zu frieren beginnen. Wenn man ihnen Schuhe anzieht werden sie sich bald auch nach anderen Kleidungsstücken sehnen. So wird es kommen wie es kommen muss: Nachdem sie sich an die Schuhe gewöhnt haben werden sie vielleicht sogar Strümpfe tragen wollen. Den Schafen wird man dann auch noch wenn sie frisch geschoren sind Hosen anziehen.
Es ist nicht einmal auszuschließen dass kurzsichtige Schafe eines Tages Brillen tragen. Sobald man einmal mit einem solchen Unsinn begonnen hat kommt man dann auch auf noch verrücktere Ideen. Vielleicht wird man sogar eines Tages ihre Wolle dazu benutzen dass man ihnen Pullover daraus strickt und sie ihnen anzieht.
Nachdem die beiden Farmer den Bericht in der Zeitung gelesen hatten beklagten sie sich bitter darüber. Sie waren weiterhin der Meinung dass sie eine gute Idee gehabt hatten und sie drohten mit einer Anzeige. Unbekannt ist ob ihre Idee sich durchsetzen konnte.

20 **Setze die Kommas. Hier sind auch Relativpronomen eingesetzt worden. Markiere diese mit einer ununterbrochenen Linie und die Konjunktionen mit einer gestrichelten Linie.**

Nachdem die Meldung in Australien vorlag dass in England Schafe mit Schuhen versorgt worden waren ließ es einen Farmarbeiter dort nicht ruhen. Er erfand ein Licht für die Schwänze der Schafe das so ähnlich leuchtet wie es die Katzenaugen bei einem Fahrrad tun. Damit das Licht auch hält wird es mit einer kräftigen Spange befestigt die am Schwanz des Schafes klemmt. Ob die gefährlichen Raubtiere die durch dieses Licht erschreckt werden sollen die Schafe ungeschoren lassen ist allerdings noch nicht sicher. Wenn sich der Einfall den dieser Farmer hatte jedoch als sinnvoll erweist wird die Natur diese Verbesserung vielleicht einmal selbst in die Hand nehmen. Sie wird dann diese Idee wie es ihre Sache ist noch vollkommener gestalten. Das könnte so aussehen dass in Zukunft Schäfchen zur Welt kommen die hinten und vorn ein leuchtendes Licht tragen das sie vor wilden Tieren schützen soll. Vielleicht aber werden sich die Raubtiere wieder umstellen sodass sie sich an den verführerischen Lichtern von Schafen orientieren können.

REGEL

Kommasetzung im Infinitiv

Viele Sätze haben einen Infinitiv mit **zu**, der erweitert ist. Häufig muss ein solcher Infinitiv mit einem Komma abgetrennt werden; in anderen Fällen ist es freigestellt, das Komma zu setzen: *Ich hoffe jeden Tag(,) zu dir zu kommen.*
Du musst den Infinitivsatz immer vom übrigen Satz mit einem Komma trennen, wenn Wörter wie **um, ohne, statt, anstatt, außer** oder **als** auf ihn hinweisen: *Er kam,* ***um*** *mit den anderen zu essen.*

21 Ergänze die Kommas in diesen Sätzen. Neun Kommas musst du setzen.

Ein Besuch in Frankreich

a) Jasmin hatte sich immer gewünscht einmal ein Jahr in Frankreich zu verbringen.
b) Sie hatte sich aber eigentlich nie zugetraut es ganz allein zu machen.
c) Doch nun ergab sich die Gelegenheit ihre Brieffreundin in den Ferien zu besuchen.
d) Denn Claudine freute sich sehr darauf sie zu sehen.
e) Sie dachte mit Freude daran auch Claudines Familie kennenlernen zu können.
f) Jasmin ohne einen Augenblick zu zögern stimmte sofort zu.
g) Es war schon immer ihr Wunsch gewesen zu fliegen.
h) Und Geld um ihre Reisepläne zu verwirklichen hatte sie genug.

TIPP

Wenn du erweiterte Infinitive *immer* durch ein Komma abtrennst, machst du hier keine Fehler in der Zeichensetzung.

REGEL

Kommasetzung bei der Partizipialgruppe

- Du **kannst** den Partizipialsatz vom übrigen Satz trennen: *Er lief(,) vor Anstrengung keuchend(,) den Berg hinauf.*
- Du **musst** die Partizipialgruppe durch Komma(s) vom übrigen Satz trennen,
  - wenn auf die Partizipialgruppe hingewiesen wird (durch ein Wort oder auch eine Wortgruppe) *vor Angst getrieben, so eilte sie heim.* („so" weist auf die Partizipialgruppe „vor Angst getrieben" hin.)
  - wenn die Partizipialgruppe ein Substantiv oder Pronomen nachgestellt erläutert: *Die Frau, vor Langeweile eingeschlafen, sah den Film nicht.*
- Du **solltest** den Partizipialsatz zur besseren Gliederung des Satzes vom übrigen Teil trennen: *Vom Fernsehprogramm enttäuscht(,) schaltet sie ab.*

22 Setze auch hier die fehlenden Kommas.

a) Er legte sein Buch zur Seite von Langeweile angeödet.
b) Das Einverständnis der Eltern voraussetzend meldete er sich an.
c) Durch einen Imbiss gestärkt setzten sie die harte Arbeit fort.
d) Gut gelaunt schlenderte er durch die Stadt.
e) Er seinen Gegner nicht aus den Augen lassend hörte ein Geräusch.

REGEL

Zeichen bei der direkten Rede
Begleitsatz vorangestellt: ***Mark bemerkt:** „Das war ein richtiges Abenteuer!“*
Begleitsatz nachgestellt: *„Das hätte ich mich nie getraut“, **äußert Kirsten.***
Begleitsatz eingeschoben: *„Mit einem Bein“, **meint Ali,** „ist das eigentlich unmöglich.“*
Zeichen bei der indirekten Rede
Der indirekte Redesatz wird vom Begleitsatz durch Kommas abgegrenzt:
Der Vater meinte, diese Leistung sei unglaublich.

23 In diesem Zeitungsartikel fehlen alle Kommas und die Zeichen der wörtlichen Rede. Markiere zuerst, was wörtlich gesagt wurde, und setze dann die fehlenden Zeichen.

Beide Pole der Erde erreicht

Warschau. Janek Mela ein einbeiniger polnischer Schüler hat am Silvestertag nach einem gewaltigen Fußmarsch den Südpol erreicht. Es ist unglaublich wie er als behinderter Junge die Kälte bezwungen hat kommentiert sein Vater stolz diese Leistung. Für den 16-Jährigen war es der zweite Triumph in wenigen Monaten. Erst im April sei er zum Nordpol gewandert berichtet Vater Jurek der den Tatendrang seines Jungen kaum fassen kann. Mit einem künstlichen Bein hat er sich auf beiden Touren durch die Schnee- und Eismassen gekämpft. Wir haben richtig gut zusammengearbeitet aber auch zusammen gelitten berichtet der erfahrene polnische Abenteurer Marek Kaminski der den Jugendlichen begleitet und unterstützt hat. Mela der vor zwei Jahren bei einem Unfall einen Arm und ein Bein verlor wurde damit zum jüngsten Menschen der innerhalb eines Kalenderjahres Nord- und Südpol erreichte. Das mache ihn zu einem ganz besonderen Menschen der sich von anderen abhebe so der Vater.

Lüdenscheider Nachrichten vom 3. Januar 2005

TIPP

Leider kommen heute in den meisten Texten fast nur noch zwei Satzzeichen vor: der Punkt und das Komma; dazu finden sich ab und zu auch noch Frage- und Ausrufezeichen sowie der eine oder andere Doppelpunkt.
Beinahe vom Aussterben bedroht sind dagegen das Semikolon (= Strichpunkt) und der Gedankenstrich – dabei sind diese beiden Satzzeichen durchaus sinnvoll, wenn es darum geht, ein längeres Satzgefüge korrekt zu gliedern.
So ist der anspruchsvollere Stil äußerlich auch daran erkennbar, dass ab und zu einmal ein Semikolon gesetzt wird; dies signalisiert nämlich, dass ein Satz, der eigentlich schon zu Ende ist, doch noch nicht ganz zu Ende ist.

Einstellungstest: Fehler finden und korrigieren

Viele Unternehmen führen Einstellungstests durch. Diese enthalten auch Aufgaben zur Rechtschreibung und Zeichensetzung. Darauf kannst du dich gut vorbereiten. Bei den meisten Aufgaben musst du ankreuzen. Die Aufgaben 26 bis 29 entsprechen realen Einstellungstests, sodass hier selbstverständlich die Sie-Form verwendet wird.

24 Welche Schreibweise ist richtig? – Sie haben drei Minuten Zeit.

☐ Symetrie	☐ Amateurphotograph	☐ sie ist gestern heim gekommen
☐ Symmetrie	☐ Amatörfotograf	☐ sie ist Gestern Heim gekommen
☐ Symmetrih	☐ Amateurfotograf	☐ sie ist gestern heimgekommen
☐ Kräuterlikeur	☐ Schweiß gebadet	☐ ein einzelnes Paar Socken
☐ Kreuterlikeur	☐ schweissgebadet	☐ ein einzelnes paar Socken
☐ Kräuterlikör	☐ schweißgebadet	☐ ein Einzelnes paar Socken

25 Entscheiden Sie, wo ein Komma fehlt. – Sie haben drei Minuten Zeit.

... Sand ( ) Kies ( ) Felsbrocken ( ) Dünen ( ) das ist es ( ) was man in der Sahara ( ) zu sehen bekommt. Niemand käme heute auf die Idee ( ) in dieser größten Wüste der Erde ( ) die größer ist ( ) als das Mittelmeer ( ) Badeurlaub zu machen. Doch gibt es mitten in der Sahara ( ) im Wadi Sura ( ) steinzeitliche Felsmalereien ( ) auf denen Menschen dargestellt sind ( ) die deutlich ( ) erkennbare Schwimmbewegungen vollführen. Jüngere ( ) geografische Untersuchungen haben ergeben ( ) dass es vor Urzeiten ( ) in dieser Gegend ( ) einige Meter tiefe Senken gegeben hat ( ) die nach Starkregen ( ) mit Wasser gefüllt waren.

26 Kreuzen Sie „das" oder „dass" an. – Sie haben vier Minuten Zeit.

Es ist schön, wenn ☐ das ☐ dass Wasser plätschert und die Sonne lacht. ☐ Das ☐ Dass musst du dir merken. Wolfgang hat gesagt, ☐ das ☐ dass ☐ das ☐ dass so sein muss. ☐ Das ☐ Dass ☐ das ☐ dass ☐ das ☐ dass auslösen könnte, ☐ das ☐ dass hat niemand gedacht. ☐ Das ☐ Dass ist so, ☐ das ☐ dass ☐ das ☐ dass Niedrigenergiehaus, ☐ das ☐ dass in Deutschland nur ganz selten gebaut wird, ☐ das ☐ dass langfristig günstigste ist. ☐ Das ☐ Dass du dich nicht mehr erinnerst, an ☐ das ☐ dass, was du gesagt hast, ☐ das ☐ dass finde ich erschütternd.

27 Trennen Sie die einzelnen Wörter voneinander und unterstreichen Sie diejenigen, die Sie großschreiben müssen. – Sie haben drei Minuten Zeit.

imwaldwerdennachtsdiebucheckernvorallemvonwildschweinenzunichtegemacht. Einefülleschadenerregerfindensichheutenachwievorinunserenheimischengewässern. Schneeflockensindgenaugenommenkristallediezusechseckenangeordnetsind

Texte überarbeiten – Übungsstrategien entwickeln

28 **Marc hat zu dem Gedicht „Das letzte Kapitel" von Erich Kästner eine Analyse als Hausaufgabe verfasst. Den ersten Teil der Analyse hat sein Vater korrigiert.**

a) Finde und markiere die gekennzeichneten Fehler.

Analyse zu Erich Kästner: Das letzte Kapitel (1930)

Das mir vorligende Gedicht „Das letzte Kapitel" verfasst von Erich R/Z
Kästner, dessen Entstehunksjahr 1930 ist, thematisiert einen apokalip- R/R
tischen Kriegszustand der von seinem Standpunkt aus gesehen in der Z
Zukunft statt findet. R
Bei diesem Angriff durch „Bombengeschwader der Luftpolizei wird die Z
ganze Menschheit ausgerottet.
Erich Kästner beschreibt wie die „Weltregierung" beschliest, die ge- Z/R
samte Menschheit durch ein Giftgas zu vernichten, um den ersehnten
Weltfrieden wieder herzustellen. Das lyrische ich beschreibt das R/R
leitvolle Ende der Menschen sehr detailliert. Deshalb erscheint es auf R
den ersten Blick tragisch und in jeder hinsicht bedrückend indem es R/Z
die negative Kriegsstimmung vermittelt doch bei näherer Betrachtung Z
läst sich eine gewise Ironie erkennen, da die Idee die Menschheit zu R/R/Z
vernichten in erster Linie vollkommen absurd erscheint.

Der durchgängige Kreuzreim unterstützt dabei umso mehr den stetigen Weg zum ende worauf auch die Überschrift „Das letzte Kapietel" mit einer Anspielung auf das endgültige verweisst. Insgesamt ist der Inhalt des Gedichts paradocks, da man durch Krieg letztlich keinen Frieden schaffen kann sondern ihn ganz im Gegenteil zerstört. Es entsteht der Eindruck als verfolge man einen Kriegsbericht, was durch ein regelmässiges Metrum unterstützt wird, indem der Autor die unaufhaltsame Entwicklunk sowie die Leiden der Lebewesen chronologisch wiedergibt.

Die leicht verständlichen Sätze, welche durch Enjambements gekennzeichnet sind, lassen das Gedicht wie einen Prosatext wirken und machen es dem Leser möglich das Geschehen ohne Umschweife zu verfolgen. Die in der ersten Strophe erkennbare Zukunftsvision läst sich teilweise mit dem Inhalt des Romans „1984" vergleichen da in beiden auf eine Zukunft aufmerksam gemacht wird, der sich die Menschen nähern, wenn wir uns nicht ändern. Kästners Intention war es den Menschen klarzumachen, das Krieg keine Lösung für Probleme sein kann ...

b) Korrigiere den Rest des Textes.

TIPP

Systematische Fehlerbehebung

Wenn du dich in der Rechtschreibung und in der Zeichensetzung verbessern willst, solltest du vor allem prüfen, wo deine Hauptfehlerquellen liegen. Das machst du am besten, indem du die Fehler, die in deinen Arbeiten angestrichen werden, systematisch analysierst und verbesserst.

Bei der Fehleranalyse musst du untersuchen, welche Fehler du besonders häufig machst. Prüfe dies nun mithilfe der folgenden Liste, indem du deine Problemfelder farbig markierst und die unproblematischen Bereiche durchstreichst!

- Groß- und Kleinschreibung
- Zusammen oder getrennt
- Die s-Laute s, ss und ß
- das/dass
- Die Umlaute ä, ö und ü
- Dehnungs-h
- Doppelkonsonanten
- Fremdwörter
- Zeichensetzung
  Gegen welche der fünf Hauptregeln verstoße ich?

Meine „Lieblingsfehler" gehören also zu den Bereichen:

1.
2.
3.
4.
5.

Nun musst du dich fragen: Woran liegt es, dass ich immer wieder dieselben Fehler mache? Wie kann ich den „Fehlerteufel" bekämpfen und überlisten? Welche Regeln und „Eselsbrücken" können mir dabei helfen?

TIPP

Das Üben von Rechtschreibung und Zeichensetzung:

Sobald du weißt, in welchen Bereichen du besonders „gerne" Fehler machst, kannst du daran gehen, diese Fehlerquellen gezielt zu beheben. Am besten machst du das zusammen mit einem Schulfreund oder einer Schulfreundin, indem ihr euch wechselseitig Texte diktiert und dann miteinander korrigiert.

Solche Partnerdiktate können sogar richtig Spaß machen. Denn zu zweit oder in der Gruppe gilt doch immer: „Gemeinsame Freude ist doppelte Freude" und auch „Geteiltes Leid ist halbes Leid".

Klasse vorbereitet?

1 **Streiche alle falsch geschriebenen Wörter durch.**

Reisen bildet – Sprachkurse im Ausland helfen oft auch für den Beruf

Am Strand liegen und Vokabeln pauken lästigfinden/lästig finden? Im Gegenteil! Für viele deutsche/Deutsche ist das eine reizvolle/Reiz volle Urlaubskombination. Mehr als 150 000 Deutsche buchen jedes Jahr einen Sprachkurs im Ausland und wieder holen/wiederholen diese Reisen sogar mehrfach. „Der Trend ist seit Jahren ungebremst. Der Anteil Erwachsener hat den jugendlicher/Jugendlicher Sprachreisender weit überflügelt", weiß/weis Claus Kunze vom Fachverband Deutscher/deutscher Sprachreiseveranstalter (FDSV) in Berlin zuberichten/zu berichten. Früher habe dabei das Interesse an der Kultur im Vordergrund gestanden, stattdessen/statt dessen seien es heute/Heute vorwiegend berufliche Gründe. „Immer mehr selbstbewuste/selbstbewusste/selbst bewusste Erwachsene entdecken Sprachreisen seit dem/seitdem zu aller erst/zuallererst auch als Single-Urlaub", ergänzt Monika Düngemann, Produktmanagerin für Sprachreisen in München. „Allein in Deutschland gibt es rund sechzig Anbieter", schätzt Kunze. Nicht alle sind seriös, das/dass hat er mittlerweile/mittler Weile heraus gefunden/herausgefunden. Die 21 im FDSV organisierten Veranstalter würden dagegen regelmäßig/regelmeßig/regelmässig Standards wie Lehrerqualität, Ausstattung und Unterbringung kontrollieren lassen/kontrollierenlassen. Ratschläge gibt auch die Aktion Bildungsinformation (ABI) in Stuttgart, die den Sprachreisemarkt unter die Lupe nimmt und vor „schwarzen/Schwarzen Schafen" warnt. Allein LAL Sprachreisen bietet im kommenden Jahr insgesamt sieben Sprachen in 18 Ländern und mehr als 70 Destinationen an.

Nach: Lüdenscheider Nachrichten vom 4. Januar 2004

17

2 **Setze alle fehlenden Satzzeichen, schreibe groß, wo nötig.**

Wenn die Haifische Menschen wären fragte Herrn Keuner die kleine Tochter seiner Wirtin wären sie dann netter zu den kleinen Fischen sicher sagte er wenn die Haifische Menschen wären würden sie im Meer gewaltige Kästen bauen lassen. Mit allerhand Nahrung drin sowohl Pflanzen als auch Tierzeug sie würden sorgen daß die Kästen immer frisches Wasser hätten, und sie würden überhaupt allerhand sanitäre Maßnahmen treffen damit sie den Haifischen nicht wegstürben vor der Zeit damit die Fischlein nicht trübsinnig würden gäbe es ab und zu große Wasserfeste denn lustige Fischlein schmecken besser als trübsinnige es gäbe natürlich auch Schulen in den großen Kästen in diesen Schulen würden die Fischlein lernen wie man in den Rachen der Haifische schwimmt. ...

„Wenn die Haifische Menschen wären", aus: Bertolt Brecht: Große kommentierte Berliner und Frankfurter Ausgabe, Band 18. © Suhrkamp Verlag Frankfurt am Main 1995.
Aus urheberrechtlichen Gründen ist dieser Text nicht in reformierter Rechtschreibung abgedruckt.

30

Gesamtpunktzahl: 47

Kontrolliere deine Ergebnisse mithilfe der Lösungen (S. 114/115) und addiere die erreichten Punkte.

☐ 47 bis 38 Punkte: ☺ ☐ 37 bis 24 Punkte: 😐 ☐ 23 bis 0 Punkte: ☹

Lernplaner

Grammatik

Vorschau

- → Wortarten: Übersicht
- → Nomen
- → Pronomen
- → Verben
- → Adjektive
- → Adverbien
- → Konjunktionen
- → Präpositionen
- → Numerale, Interjektionen

Wortarten: Übersicht

REGEL

Wörter lassen sich nach **Wortarten** unterscheiden. Es gibt **flektierbare** (veränderbare) Wörter, dazu gehören: Artikel, Nomen, Pronomen, Adjektiv und Verb. Und es gibt **unflektierbare** (unveränderbare) Wörter wie Adverb, Konjunktion und Präposition.

Nomen (Hauptwort, Substantiv) bezeichnen Gegenstände *(der Gürtel)*, Lebewesen *(das Kind)*, Sachverhalte *(der Mut)*. Nomen können im Singular (Einzahl: *die Maus*) oder im Plural (Mehrzahl: *die Mäuse*) stehen. Nomen können auch dekliniert werden: Nominativ *(der Freund)*, Genitiv *(des Freundes)*, Dativ *(dem Freund)*, Akkusativ *(den Freund)*.
Nomen haben einen **Artikel** (Geschlechtswort). Man unterscheidet bestimmte Artikel *(der, die, das)* und unbestimmte Artikel *(ein, eine)*. Sie kommen im Maskulinum *(der Kanister)*, im Femininum *(die Brille)* und im Neutrum *(das Buch)* vor.
Zu den **Pronomen** (Fürwörter) gehören: das Personalpronomen, das anstelle eines Nomens stehen kann *(der Apfel →* ***er****; die Katzen →* ***sie****; → ich; → du; ...)*; das Possessivpronomen, das die Zugehörigkeit zu jemandem oder etwas ausdrückt *(****mein*** *Koffer,* ***ihre*** *Reise)*; das Demonstrativpronomen, das auf etwas Bekanntes oder Bestimmtes hinweist *(****dieser*** *Schal,* ***jener*** *Kollege,* ***das*** *war gut)*; das Indefinitpronomen, das aus einer Vielzahl von Personen usw. eine unbestimmte Menge herausgreift *(irgendwelche, manche, jede, einige, einzelne ...)*; das Relativpronomen *(der, die, das, deren ...)*, das Relativsätze einleitet und sich auf ein vorausgehendes Nomen bezieht *(Die Küche,* ***die*** *wir benutzen, ist neu)* und das Interrogativpronomen, mit dem Fragen eingeleitet werden *(wer, was, wohin, wo ...)*.
Adjektive (Eigenschaftswörter) bezeichnen Eigenschaften, Aussehen *(klug, schön, einsam)* usw. Viele Adjektive lassen sich steigern *(hoch, höher, am höchsten)*.

REGEL

Verben (Tätigkeitswörter/Zeitwörter) geben Tätigkeiten, Vorgänge und Zeiten an. In einem Text stehen sie in Personalformen *(ich gehe, wir schreiben)* und in verschiedenen Zeitformen *(ich ging, wir haben geschrieben)*.
Mit **Adverbien** (Umstandswörter) können bestimmte Angaben über die Zeit *(heute)*, den Ort *(dort)*, die Art und Weise *(gern)* oder den Grund *(daher)* gemacht werden.
Konjunktionen (Bindewörter) verknüpfen einzelne Wörter, Wortgruppen oder Sätze miteinander *(und, als, denn, damit, weil ...)*.
Präpositionen (Verhältniswörter: *auf, in, neben, unter, zu, durch ...*) geben nähere Hinweise auf räumliche Verhältnisse *(**auf** der Bank, **im** Korb)*, auf zeitliche Verhältnisse *(**während** des Films)* oder kausale Verhältnisse *(**wegen** des Regens)*.
Zu den Wortarten gehören schließlich auch die **Numerale** (Zahlwörter) und **Interjektionen** (Ausrufe).
Zur Verständigung benutzen wir diese Wortarten zumeist in Sätzen. Dabei unterliegt unsere Sprache bestimmten Regeln. Werden diese Regeln nicht eingehalten, kann es zu Missverständnissen kommen. Die wichtigsten Teilglieder eines Satzes sind **Subjekt**, **Prädikat** und **Objekt**.

Verb: Zeitformen und Zeitstufen

REGEL

Zeitformen werden verwendet, um die Zeitstufen des Vergangenen, Gegenwärtigen oder Zukünftigen auszudrücken.

- Das **Präsens** bezeichnet oft etwas, was gerade geschieht: *Die Zuschauer **verfolgen** interessiert das Fußballspiel.*
  Es wird auch verwendet, um Allgemeingültiges wiederzugeben: *Zu unseren Nachbarn **haben** wir ein gutes Verhältnis.*
  Auch auf Vergangenes und Zukünftiges kann es verweisen: *Neulich **gehe** ich ins Kino und **treffe** dort einen alten Bekannten. Morgen **erwarte** ich Besuch.*
  Als Spannungsmittel kann man vom Präteritum zum sogenannten **szenischen Präsens** wechseln, um die Spannung zu erhöhen.
- Das **Präteritum** drückt Vergangenes aus, über das **schriftlich** erzählt wird: *Alex schreibt in einem Brief: Gestern **war** das Training besonders hart.*
- Wenn dagegen mündlich von Vergangenem erzählt wird, wird meist das **Perfekt** verwendet: *Alex erzählt seinem Freund: „Gestern **ist** das Training besonders hart **gewesen.**“*
- Das **Plusquamperfekt** verweist von der Zeitform des Präteritums oder des Perfekts aus auf etwas weiter Zurückliegendes: *Nachdem er das Haus **verlassen hatte**, ging er in Richtung Stadtmitte.*
- Das **Futur** macht deutlich, dass sich das Gesagte auf etwas Zukünftiges bezieht: *Nach der Schule **werde** ich eine Ausbildung **beginnen**.*

1 **Setze die Verben in der richtigen Zeitform ein. Ergänze in der Klammer, welche Zeitform du eingesetzt hast. Verwende dazu folgende Abkürzungen: Präsens (Präs), Präteritum (Prät), Perfekt (Perf), Plusquamperfekt (Plus), Futur (Fu).**

Greta in Gedanken

Greta *ging* (gehen) (*Prät*) völlig in Gedanken die Straße entlang. Die Menschen, die rechts und links an ihr .... (vorbeieilen) (..............), ... (sehen) (..............) sie nicht. Zu sehr .... (beschäftigen) (..............) sie das gestrige Gespräch mit Jan. Was .... (sagen) (..............) er da zu ihr? „Du .... (sein) (..............) wirklich ein toller Kumpel!" Kumpel! Pah! Das .... (wollen) (..............) sie nun wirklich nicht für ihn sein! „Wie .... (umgehen) (..............) ich von nun an mit ihm ....?", ... (gehen) (..............) es ihr durch den Kopf. Automatisch .... (stoppen) (..............) sie vor einer Ampel. Ohne aufzusehen .... (überqueren) (..............) sie anschließend die Straße. Da .... (sehen) (..............) sie das Auto auf sich zukommen. Vor lauter Schreck .... (können) (..............) sie sich nicht rühren. Im letzten Moment .... (spüren) (..............) sie einen Arm, der sie von der Straße .... (reißen) (..............). Freundliche, braune Augen .... (blicken) (..............) besorgt auf sie herab. Eine angenehme Stimme .... (erkundigen) (..............) sich, wie es ihr .... (gehen) (..............). „Netter Typ", ... (denken) (..............) Greta. „Nicht so wie Jan. Und überhaupt: Jan, wer .... (sein) (..............) das denn noch mal?"

Der Konjunktiv

REGEL

- Wenn man wiedergeben möchte, was andere gesagt haben, verwendet man meistens die **indirekte Rede** statt der direkten Rede.
  Direkte Rede: *Annette sagt: „Klaus kommt etwas später. Er sucht noch seine Eintrittskarte."* Indirekte Rede: *Annette sagt, Klaus komme etwas später. Er suche noch seine Eintrittskarte.*
- In der indirekten Rede steht das Verb oft im **Konjunktiv I**, der vom **Infinitiv des Verbs** abgeleitet wird.

Infinitiv	**Indikativ Präsens**	**Konjunktiv I**
schimpfen	*er schimpft*	*er schimpfe*
sein	*er ist*	*er sei*
werden	*sie wird*	*sie werde*
haben	*sie hat*	*sie habe*

- Wenn man die direkte Rede in die indirekte Rede umformt und dabei den Konjunktiv I verwendet, müssen auch die **Zeitformen** beachtet werden.

sie hört	*..., sie höre gerne Musik.*	**Konjunktiv I Präsens**
sie hörte		
sie hat gehört	*..., sie habe gerne Musik gehört.*	**Konjunktiv I Perfekt**
sie hatte gehört		
sie wird hören	*..., sie werde gerne Musik hören.*	**Konjunktiv I Futur**

- Manchmal kommt es vor, dass sich der Konjunktiv I nicht vom Indikativ unterscheidet. Dann wird der **Konjunktiv II** gebraucht:
  Die Schulleiterin sagte, viele Schüler kommen ohne Frühstück zur Schule.
  Die Schulleiterin sagte, viele Schüler kämen ohne Frühstück zur Schule.
  Auch die würde-Form ist möglich, wenn die Konjunktiv-II-Form unnatürlich klingt: *Die Schulleiterin sagte, viele Schüler würden ohne Frühstück zur Schule kommen.*

- Der Konjunktiv II wird vor allem in Konditionalsätzen verwendet *(wenn, falls – Wenn ich einmal reich wäre ...).*
- Der Konjunktiv II wird zudem verwendet, um **Wünsche** und **Vorstellungen** zu äußern: *Ich wäre gerne Millionär.*
- Auch, um eine Aussage als **unwirklich** zu kennzeichnen, oder bei **höflichen Aufforderungen** kommt er zum Einsatz: *Würden Sie mir bitte Platz machen?*
- Die Formen des Konjunktivs II werden vom **Indikativ Präteritum** abgeleitet:
  Indikativ Präteritum: *Er ging gerne im Wald spazieren.*
  Konjunktiv II: *Er ginge gerne im Wald spazieren.*
- Der Konjunktiv II lässt sich auch mit **würde** umschreiben. Dies ist üblich, wenn die eigentliche Konjunktiv-II-Form zu gestelzt klingt:
  Konjunktiv II: *Er äße am liebsten jeden Tag Pizza.*
  Würde-Form: *Er würde am liebsten jeden Tag Pizza essen.*

2 **Christoph, der Schülersprecher, hat in der SV-Sitzung einen Vorschlag gemacht. Gib Christophs Vorschlag in der indirekten Rede wieder. Achte darauf, wann du den Konjunktiv I durch den Konjunktiv II ersetzen musst. Unterstreiche anschließend die Verbformen, die nun im Konjunktiv stehen.**

In der Schülervertretungs-Sitzung

Ich habe darüber nachgedacht, für welche Zwecke der Erlös des Schulfestes gespendet werden kann. Ich schlage vor, das Geld der hiesigen Tafel zu geben. Dort bekommen Menschen täglich ein warmes Essen, die es sich selbst nicht mehr leisten können. Ist es nicht schlimm, dass mittlerweile hier bei uns solch eine Armut herrscht? Auch einige Schüler unserer Schule sind bereits auf diese Hilfe angewiesen. Ich halte es für sehr sinnvoll, wenn die Einnahmen dahin fließen. Auch Freiwillige, die die gespendeten Lebensmittel von den Läden abholen, werden immer gebraucht.
Stellt doch bitte meinen Vorschlag in euren Klassen vor.

Christoph sagte, er habe …

3 **Gib die folgenden Äußerungen indirekt wieder. Gehe Satz für Satz vor. Überlege, wie du die Sätze einleitest.**

Einkaufen rund um die Uhr?

Sind heutzutage gesetzliche Ladenöffnungszeiten noch sinnvoll? Immer mehr Geschäfte verlängern ihre Öffnungszeiten zugunsten der Kunden. Begann vor kurzem samstags noch um 14.00 Uhr das Wochenende für die Verkäufer, so müssen diese mittlerweile gar bis 20.00 Uhr ihre Geschäfte für die kauffreudige Kundschaft geöffnet haben. Und selbst dann noch stehen einige Kaufwütige vor der Tür und begehren Einlass. Ist es denn wirklich nötig, am Samstagabend noch einen Liter Milch zu kaufen? Eine Supermarktleiterin wurde neulich wie folgt zitiert: „Mittlerweile ist auch der Sonntag als Einkaufstag im Gespräch." Da fragt man sich doch, ob das Einkaufen heutzutage nicht eher als Freizeitbeschäftigung gesehen wird. Demnächst werden einige Menschen also antworten: „Mein Hobby? Das ist das Einkaufen!"

So könntest du beginnen:

Der Zeitungsartikel „Einkaufen rund um die Uhr?" stellt die Frage, ob …

Verb: Aktiv und Passiv

REGEL

Verben kommen normalerweise in der Form des **Aktivs** vor. Mit dem Aktivsatz wird der Blick auf die **Person** oder **Sache** gerichtet, **die eine Handlung auslöst:**

Der Autofahrer übersah *die rote Ampel*. **Aktivsatz**

Subjekt Objekt

Die rote Ampel *wurde (vom Autofahrer) übersehen.* **Passivsatz**

Der **Passivsatz** richtet den Blick auf die Person bzw. die Sache, **mit der etwas geschieht**, oder **auf die Handlung selbst.**
Wenn man einen Aktivsatz ins Passiv umformt, so wird das **Objekt des Aktivsatzes zum Subjekt im Passivsatz.**
Das Passiv wird mit einer Form des Verbs „werden" und dem **Partizip Perfekt** gebildet: *Georg wird ausgezeichnet. Die Schule wurde renoviert. Frau Müller ist gesucht worden. Meike war angenommen worden. Klaus wird ausgewählt werden.*

4 Wandle die Aktivsätze ins Passiv um. Unterstreiche anschließend die Passivformen.

Im Fitness-Studio

Jan stemmt seit zwanzig Minuten schwere Hanteln. Seine Muskeln hoffen bereits auf eine Pause. Doch der Kraftsportler legt noch Gewichte nach. Interessiert beobachtet ihn Karsten. Leichtsinnig sucht Jan nach neuen Scheiben. Die Trainerin ermahnt ihn jedoch, nicht zu übertreiben. Am Ende der Trainingszeit misst er stolz den Muskelumfang seines Oberarmes. Zwei Mädchen lachen Jan deswegen aus. Nun beneidet Karsten seinen Freund nicht mehr.

....

....

....

....

....

....

....

....

....

....

....

Satzverknüpfungswörter: Konjunktion (Bindewort) und Adverb (Umstandswort)

REGEL

Warum Konjunktionen und Adverbien so wichtig sind

Eigentlich nimmt sie kaum jemand richtig ernst, die kleinen, scheinbar so unbedeutenden „Partikel", von denen die Konjunktionen, die Adverbien und die Präpositionen besonders wichtig sind. Aber Hand aufs Herz: Wer vermag ohne längeres Nachdenken zu sagen, wo der Unterschied zwischen Konjunktion und Konjunktiv liegt, wie die lateinische Bezeichnung für „Bindewort" lautet und warum Adverbien etwas ganz anderes sind als Adjektive?

Dabei sind gerade diese kleinen Bindewörter (= Konjunktionen) und die adverbiellen Umstandsbestimmungen in Sätzen oftmals so etwas wie „das Salz in der Suppe". Denn die Konjunktionen machen die gedankliche Verknüpfung zwischen den verschiedenen Teilsätzen deutlich, während durch die Adverbien die Umstände des Geschehens mitunter erst so richtig klar werden.

Deshalb merke: Um einen Text geschmeidig zu machen, solltest du gerade diese kleinen Wörter gut kennen und möglichst virtuos gebrauchen.

Konjunktionen erfüllen unterschiedliche Funktionen:

etwas zeitlich einordnen **(temporal)** Wann? Seit wann?	**Konj.:** als, nachdem, bevor, während, wenn ... Adv.: nachher, zuerst, dann ... ***Bevor*** *ich gehe, verabschiede ich mich noch.*
Umstände angeben **(modal)** Womit? Wodurch? Wie?	**Konj.:** indem, wie, als ob, ohne dass ... Adv.: indem, dadurch *Ich fühle mich, als ob ich schwebe.*
etwas begründen **(kausal)** Warum? Wieso?	**Konj.:** weil, da, damit Adv.: deswegen, darum, deshalb Ich mag dich, **weil** du lustig bist.
Bedingungen angeben **(konditional)** Unter welcher Bedingung?	**Konj.:** wenn, sofern, falls Adv.: sonst, andernfalls ***Wenn*** *ich komme, musst du fertig sein.*
etwas einschränken **(konzessiv)** Trotz welcher Beschränkung?	**Konj.:** obwohl, obgleich Adv.: trotzdem, dennoch ***Obgleich*** *ich müde bin, kann ich nicht schlafen.*
Zweck angeben **(final)** Wozu?	**Konj.:** damit, um Adv.: darum *Ich trainiere viel,* ***damit*** *ich erfolgreich bin.*
Folgen angeben **(konsekutiv)** Mit welcher Folge?	**Konj.:** sodass Adv.: so *Ich bin fit,* ***sodass*** *ich den Marathon schaffe.*

5 Verbinde die Sätze durch passende Konjunktionen oder Adverbien.

a) Ich gehe gerne ins Kino. Die Filme sind dort ausdrucksstärker als im Fernsehen.

....

b) Ein neuer Film läuft an. Ich informiere mich über ihn.

....

c) Der Hauptfilm reizt mich am meisten. Ich verfolge auch gerne die Vorschau.

....

d) Neulich griff ich gerade zum Popcorn. Meine Freundin stieß mich an.

....

e) Ich konnte die Tüte in Sicherheit bringen. Das Popcorn regnete auf die Zuschauer vor mir.

....

f) Mir war dies furchtbar peinlich. Ich war froh, im Dunkeln zu sitzen.

....

g) Meiner Freundin habe ich leidgetan. Ich wäre auch sehr böse auf sie gewesen.

....

h) Sie hat mich anschließend zu einer Pizza eingeladen. Ich komme auf andere Gedanken.

....

i) Mir passiert so etwas nicht mehr. Ich verzichte nun auf Popcorn.

....

6 Setze Konjunktionen oder Adverbien ein.

Diesmal wollte Maria die Wahl zur Schülersprecherin nicht annehmen, ... sie befürchtete, zu wenig Zeit zu haben. .... sollten sich neue Kandidaten zur Wahl stellen, ... sie ernsthaft interessiert seien. .... wurde Marco vorgeschlagen, ... er mit dem Amt einverstanden wäre. .... wurde er gefragt, ... er überlegen konnte, ... er das Angebot annehmen sollte. .... zweifelte er an sich selbst, ... er fühlte sich ein wenig überfordert. .... ist er mit seinem Amt sehr zufrieden, ... er gewählt wurde. .... Folglich macht er das Beste daraus, ... er seine Wähler nicht enttäuschen möchte.

Präposition (Verhältniswort)

REGEL

Auf, über, hinter, unter, neben, durch, gegen, vor, ohne, zwischen, seit, bis ... sind **Präpositionen** (Verhältniswörter). Die Präposition gehört zu den unveränderlichen Wörtern. Sie bestimmt, in welchem Kasus (Fall) das Nomen und die Wörter vor dem Nomen stehen, nämlich immer entweder im
Akkusativ: *Ich stelle den Tisch* ***auf den*** *Rasen,*
Dativ: *Der Tisch steht* ***auf dem*** *Rasen* oder
Genitiv: *Der Tisch steht jenseits* ***des*** *Rasens.*

7 In den folgenden Sätzen fehlen die Präpositionen (Verhältniswörter). Wähle passende aus und setze sie ein. Manchmal musst du auch die Artikel im richtigen Kasus ergänzen.

Modefimmel

Meine Schwester ärgert sich .... ihre Freundin. Sie steht dauernd .... Spiegel. Ständig blättert sie .... Modejournal. .... Tisch stapeln sich die Journale. Jeden Tag legt sie ein neues .... Tisch. Dann heißt es: „Das Top ist aus Leinen, die Jeans ist selbstverständlich .... Bügelfalten. Ich kann mich .... all den Kleidungsstücken nicht entscheiden." .... dieses Verhaltens hat meine Schwester keine Lust mehr .... Treffen .... ihr. .... jeder Modesendung gerät sie .... Schwärmen. .... jeder Modenschau will sie Model werden. Ihr größtes Glück wäre, wenn Heidi Klum .... Tür träte.

.... diesen Umständen verliert sie noch ihre beste Freundin. Vielleicht kommt sie ja doch noch .... Vernunft und sagt: „.......................... dich geht es nicht!"

Satzglieder und Satzgliedbestimmung

REGEL

Satzglieder im Überblick

- Jeder Satz besteht aus Satzgliedern, und zwar mindestens aus **Subjekt** und **Prädikat**, ergänzbar durch **Objekt(e)** und **adverbiale Bestimmungen**. Das **Subjekt** (Satzgegenstand) steht im Nominativ. Man kann danach mit den Fragewörtern *Wer* oder *Was* fragen: ***Ich** koche gerne. – **Wer** kocht gerne?*
- Das **Prädikat** (Satzaussage) wird immer durch ein **Verb** gebildet. Es richtet sich in seiner Form nach dem Subjekt: *Ich koche, wir kochen, du kochst.* Das Prädikat besteht oft aus mehreren Teilen (Prädikatsklammer): *Ich **habe** gestern Nudeln **gekocht**.*
- **Objekte** (Satzergänzung) ergänzen das Prädikat. Sie stehen im **Akkusativ** (**wen** oder **was**?): *Ich betrete den Raum*. Im **Dativ (wem?)**: Er vertraut **dem Freund.** Und seltener im **Genitiv (wessen?)**: *Er erinnerte sich **des Vorfalls**.*
- Mit **adverbialen Bestimmungen** lassen sich genauere Angaben machen. Wir unterscheiden folgende adverbiale Bestimmungen:
  - adv. Best. des Ortes (**wo?**): *Ich treffe ihn **im Kino**.*
  - adv. Best. der Zeit (**wann?**): *Ich treffe ihn **heute Nachmittag**.*
  - adv. Best. der Art und Weise (**wie?**): *Ich treffe ihn **gern**.*
  - adv. Best. des Grundes (**warum?**): *Ich treffe ihn, **um ...***

Beispiel: *Die Berufsberaterin informiert die Schüler im Berufsinformationszentrum.*
In Satzglieder aufgeteilt:

Die Berufsberaterin	*informiert*	*die Schüler*	*im Berufsinformationszentrum.*
Subjekt Wer? Was?	Prädikat	Akkusativ-Objekt Wen? Was?	adverb. Bestimmung des Ortes Wo?

8 Bestimme die Satzglieder.

a) Der Lehrer	gibt	bereitwillig	dem Kollegen	gute Tipps.

b) Bereitwillig	gibt	der Lehrer	dem Kollegen	gute Tipps.

c) Gibt	der Lehrer	dem Kollegen	bereitwillig	eine Broschüre?

Satzgefüge (Hypotaxe)

REGEL

Satzgefüge (= Hypotaxen) bestehen aus Hauptsätzen und untergeordneten Nebensätzen, zu denen auch die eingeschobenen Relativsätze zählen.
Mein Handy, das großartig ist, treibt mich in den Ruin, weil ich pausenlos telefoniere.
Den **Hauptsatz** (im Beispielsatz: *Mein Handy … treibt mich in den Ruin*) erkennt man daran, dass er auch ohne den Nebensatz stehen kann. Außerdem ist im Hauptsatz die Personalform des Verbs (im Beispielsatz: *treibt*) das zweite Satzglied im Satz.
Nebensätze können dagegen nicht ohne den Hauptsatz stehen – im Beispielsatz der Relativsatz (*das großartig ist*) und der Kausalsatz (*weil ich pausenlos telefoniere*). Die Personalform des Verbs findet sich dabei immer am Ende des Nebensatzes (vergleiche hier im Beispielsatz die Position der Verben *ist* und *telefoniere*)!
Zu **Parataxe** → HS + HS + HS GEGENSATZ ZU HYPOTAXE

9 Bilde Satzgefüge, indem du die Sätze durch Konjunktionen oder Relativpronomen miteinander verbindest. Achte auf die Kommasetzung.

a) Mit einem Schuss schickt ein Maler seine Tiere ins Rennen. Es handelt sich um Kakerlaken.
b) Die Zuschauer feuern sie an. Sie haben auf sie gewettet.
c) Es gibt selten Termine. Der Andrang bei den Rennen ist groß.

TIPP

Guter Stil zeichnet sich durch den gekonnten Gebrauch von Haupt- und Nebensätzen aus. Dafür solltest du zweierlei vermeiden: Zum einen umständliche Schachtelsätze, zum andern die Aneinanderreihung von Hauptsätzen. Denn: Verschachtelte Sätze sind oftmals schwer zu verstehen und deshalb fast immer ärgerlich, wohingegen eine längere Aneinanderreihung von Hauptsätzen hart und allzu nüchtern klingen.
Merke: Wechsle möglichst häufig von parataktischem zu hypotaktischem Satzbau und umgekehrt. Denke daran, dass dein Stil möglichst flüssig und gut lesbar sein soll. Wie aber gelingt es, gute Sätze zu bauen? Dafür musst du bereit sein, an ihnen zu arbeiten und zu feilen.

Sprachvarianten

REGEL

Unsere Sprache umfasst verschiedene Sprachebenen:

1. Die **Hochsprache**: Sie ist in aller Regel auch die Standardsprache und wird in den Medien und in der Literatur verwendet. Diese gehobene Sprache, die vor allem von den Gebildeten gebraucht wird, bestimmt die Allgemeinverbindlichkeit der sprachlichen Normen. Sie findet sich deshalb auch in Grammatiken, Wörterbüchern und Lexika.
2. Die **Umgangs- und Alltagssprache**: Sie steht zwar der Hoch- und Standardsprache nahe, weicht aber in vielem von den im Schriftlichen geltenden Normen ab. Sie wird im alltäglichen Umgang benutzt und dient vor allem dem mündlichen Austausch. Früher wurde diese Sprachebene auch als Volksmund bezeichnet. Dabei nimmt die Umgangssprache meist eine Mittelstellung zwischen Hochsprache und Dialekt ein. Ist diese „Zwischensprache" gruppengebunden, so spricht man von einem **Soziolekt.**
3. Die **Dialekte** (Bayrisch, Sächsisch, Kölsch, usw.): Sie werden nur in bestimmten Regionen gesprochen und haben eine typische ortsbezogene Färbung, sodass die Dialektsprecher oft schon in der Nachbargemeinde als ortsfremd angesehen werden. Dialekte, die auch als Mundarten bezeichnet werden, unterscheiden sich im Wortschatz, in der Betonung und in der Grammatik oft sehr stark von der Hochsprache.
4. **Szenesprachen** (auch: Jargon, Slang): Sie werden nur in einem bestimmten sozialen Milieu oder einer Subkultur gesprochen und dienen der bewussten Abgrenzung von der übrigen Gesellschaft. Szenesprachen werden besonders von Jugendlichen benutzt, die einer exklusiven Gruppe angehören oder angehören wollen (z. B. Techno, Snowboarder, Computer-Freaks usw.). Szenejargons unterliegen einem ständigen und schnellen Wandel, da Ausdrücke rasch überholt sind und durch neue ersetzt werden.
5. Die **Fachsprachen:** Sie werden von Fachleuten eines bestimmten Gebiets (Medizin, Architektur, Computerfachleute, Steuerberater, Wissenschaftler usw.) gesprochen und oft auch nur von ihnen verstanden. Dabei wird normalerweise die Hochsprache benutzt und durch spezielle Fachwörter ergänzt. Die Fachausdrücke, die fast immer aus einer Fremdsprache entlehnt werden, bleiben den meisten anderen Menschen fremd und unverständlich. Oft werden Fachsprachen deshalb als „Fachchinesisch" abgewertet.

10 Notiere zu jeder Aussage, um welche Sprachvariante es sich handelt. Markiere die Abweichungen von der Standardsprache, an denen du dies erkannt hast.

a) Nee, sowatt abba auch! Datt glaubse nich! Da hatt doch die Gerda 'n Krösken mitten Nachbarn.

b) Also ehrlich, da bin ich gestern wieder nach Sparkauf gegangen, um Angebote zu kaufen, weil die sind ja wirklich immer billig. Da steht da doch so ne Riesenschlange vor.

c) Wer schon als Kleinkind vom Fernseher „verwöhnt" und ruhiggestellt wurde, der schweigt offenbar auch, wenn er älter ist.
d) Das ist ne richtige Bitch.
e) Bei der Ausführung des Eckstoßes darf die Eckfahne nicht entfernt oder verändert werden.

TIPP

Die richtige Sprachebene in Deutscharbeiten
Für Deutscharbeiten und vor allem auch für die Abschlussarbeiten der Realschulprüfung musst du unbedingt die Hochsprache benutzen. Umgangssprachliche Wendungen, Dialektausdrücke und Szenejargon haben im Deutschaufsatz nichts zu suchen – es sei denn, du willst etwas wiedergeben, was ein anderer so gesagt hat. Um dies deutlich zu machen, musst du aber dann den betreffenden Satz oder Ausdruck in Anführungszeichen setzen.
Die Hochsprache ist insbesondere arm an deftig-kräftigen Ausdrücken. So ist es zum Beispiel gar nicht so einfach, einen passenden Ausdruck für das umgangssprachliche „verarschen" zu finden. „Veräppeln" und „vergackeiern" treffen das Gemeinte zwar, sind aber auch keine Ausdrücke der Standardsprache; „verulken" und „veralbern" sind zu schwach, „verkohlen" und „narren" zu altertümlich.
Was also tun, wenn du etwa schreiben willst: „Er hat sie nach Strich und Faden verarscht"? Entweder setzt du den problematischen Ausdruck in Anführungszeichen und machst damit deutlich, dass du dir bewusst bist, dass man diesen Ausdruck eigentlich nicht gebrauchen solltte. Oder (und das wäre deutlich besser) du suchst weiter: Wie wäre es denn hier zum Beispiel mit „hinters Licht führen" oder „zum Narren halten"?

11 Markiere die Wörter aus der Jugendsprache.
a) Das ist echt ein cooles Shirt!
b) Meine Güte, die nervt vielleicht!
c) Check doch mal, ob einer Bock auf die Disse hat!
d) Die Alte sieht echt geil aus.
e) Halts Maul. Sonst schlage ich dich Krankenhaus.
f) Also, das ist ein voll trauriges Stück über diesen Typen, den Romeo, und seine Tussi, die Julia!
g) Wat willste? Die is doch voll krass: Ich find die oberaffengeil!
h) Was geht? Bist du scheissse im Kopf, oder was?
i) Ich hab keinen Plan und bin total schlecht drauf.
j) Super Idee, aber laber nicht so rum! Mich kannst du nicht zutexten, klar?
k) Das dämliche Mathe ist endlich over.

Kommunikation und Verständigung

REGEL

Kommunikation ist nicht immer einfach. Manchmal wird man missverstanden, weil der andere etwas ganz anders aufgefasst hat, als man tatsächlich gemeint hat. Das liegt daran, dass ein und dieselbe Äußerung Verschiedenes meinen kann. Der Zuhörer kann somit auch Verschiedenes verstehen. Nach dem Psychologen Friedemann Schulz von Thun gibt es in der Kommunikation untereinander vier verschiedene Ebenen:

Selbstmitteilung
(Das teile ich von mir mit: Gefühle, Hoffnungen)
Ich bin traurig.

Sachinhalt
(Darüber informiere ich dich: Gegenstände, Personen, Sachverhalte)
Ich zöge es vor, wenn du bliebest.

Schade, dass du gehst …

Appell
(Das sollst du tun: Aufforderung)
Bleib doch noch!

Beziehung
(So stehe ich zu dir: Zuneigung, Abneigung)
Ich mag dich.

12 Notiere zu jeder Aussage, was auf welcher Ebene gemeint sein könnte.

a) Nach der Rückgabe der Mathearbeit äußert sich Alex in der Klasse so: „Herr Meier ist doch wirklich das Letzte!"

Selbstmitteilung: *Ich bin enttäuscht über meine Note.*

Appell: ....

Sachinhalt: ....

Beziehung: ....

b) Zu Hause sagt seine Mutter zu ihm: „Da hilft nur Üben!"

Selbstmitteilung: ....

Appell: ....

Sachinhalt: ....

Beziehung: ....

13 Erläutere anhand der vier Ebenen, worin das Missverständnis liegt.

a) Der Vater sagt zu seiner Tochter: „Ich gehe jetzt spazieren". Die Tochter antwortet: „Ich gehe aber nicht mit."

b) Herr Müller: „Pass auf, da kommt ein Radfahrer!" Frau Müller: „Fährst du oder fahre ich?"

Klasse vorbereitet?

1 Aus welchen Satzgliedern bestehen die folgenden Sätze?

Die Schule bietet alles Wünschenswerte.

....

Gestern konnte ich mich während der Sportstunde im Schwimmbad erholen.

....

Um heute zu entspannen, sitze ich am Schreibtisch bei den Hausaufgaben.

....

15

2 Bilde Satzgefüge, indem du die Sätze durch Konjunktionen oder Relativpronomen miteinander verbindest. Achte auf die Kommasetzung. Unterstreiche anschließend alle Gliedsätze.

Musik war für Siri lebensnotwendig geworden. Stille ertrug sie kaum.

....

Sie hörte keine Melodien. Sie wurde unruhig.

....

Sie saß am schwarzen Konzertflügel. Sie vergaß alles um sich herum.

....

Siri musste dennoch täglich üben. Sie war ein Naturtalent.

....

4

3 Gib in der indirekten Rede wieder, was die Gesprächspartner sagen. Verwende dazu den Konjunktiv I.

Karsten: Ich war gestern bei der Berufsberatung und habe mich informiert.
Sarah: Meinen Ausbildungsbetrieb habe ich durch mein Praktikum gefunden.
Karsten: Leider hat mir mein Praktikum gar nicht gefallen. Ich hatte wohl falsche Erwartungen.
Sarah: Je besser du informiert bist, desto leichter fällt dir die Berufsentscheidung.

Karsten sagt, er sei gestern ....

....

....

....

....

11

4 **Wie lauten die fehlenden grammatikalischen Bezeichnungen?**

Deutsche Bezeichnung	Lateinische Bezeichnung
Eigenschaftswort	
	Aktiv
	Verb
Bindewort	
	Adjektiv
Möglichkeitsform	
	Plusquamperfekt
	Subjekt
Hauptwort	

9

5 **Markiere die Wörter, die nicht der Standardsprache entsprechen oder hier nicht standardsprachlich verwendet werden. Hinweis: Auch syntaktisch ist nicht alles standardsprachlich. Das ist hier aber nicht zu markieren.**

Murat und Aische gehen dursch Wald, auf Suche nach korrekte Feuerholz. Aische fragt Murat: „Hast du Kettensäge, Murat?" Murat: „Normal! Hab isch in meine Tasche, oder was!?"

„Das ist so geil, dass du dem Freak eine in die Fresse gegeben hast, echt irre toll, dass du so cool bist!"

Voigt: Heute...heu..heut..
Kalle: Was is' heute?
Voigt: Heute is Sonntag, da passt dort keener uff. Du musst mir nur reinhelfen, det Fenster is für eenen alleene zu hoch.
Kalle: Meinetwegen, Wilhelm. Wenn de meinst, dass da ne Kasse is.
Voigt: Ja, also gegen zehne nach'n Zapfenstreich. Hm?
Kalle: [zu Pleureusen-Mieze] Sie, Frollein, kommense ma 'n bißken näher! Morjenstunde is aller Laster Anfang.
Pleureusen-Mieze: Ach du meenst wohl, Müßigjang hat Jold im Munde, he?

31

Gesamtpunktzahl: 70

Kontrolliere deine Ergebnisse mithilfe der Lösungen (S. 117/118) und addiere die erreichten Punkte.
☐ 70 bis 56 Punkte: ☺ ☐ 55 bis 35 Punkte: ☺ ☐ 34 bis 0 Punkte: ☹

Texte beschreiben und analysieren

Vorschau

- → Analyse und Interpretation von Kurzgeschichten
- → Analyse und Interpretation von Gedichten
- → Nutzung von Mindmaps zur Vorbereitung von Gliederung und Texterstellung

Analyse einer Kurzgeschichte

REGEL

Die **Kurzgeschichte** hat ihren Ursprung in der amerikanischen „Short Story" und gehört zu den epischen Texten. Sie beginnt meist unmittelbar mit der Handlung und hat häufig ein offenes Ende. Die Handlung beschränkt sich auf eine einzelne alltägliche, jedoch oft bedeutsame Situation. Dementsprechend sind die Personen in der Kurzgeschichte gewöhnliche Menschen, wie man sie täglich trifft. Die Sprache der Kurzgeschichte ist gekennzeichnet durch prägnante Sachlichkeit. Wenn du dich mit dem Inhalt einer Kurzgeschichte intensiv auseinandersetzen willst, etwa, um jemandem das Textverständnis zu erläutern, musst du Genaueres über den Text sagen können. Daher solltest du dir vorab Notizen zu folgenden Punkten machen:

- **Inhalt** (Personen, Ort, Zeit, Handlung): Von welchen **Personen** ist die Rede? Was erfährt man über sie? Wo spielt die Geschichte? Wie wird der **Ort** beschrieben? Zu welcher **Zeit** spielt die Geschichte? Wovon **handelt** die Geschichte (Handlungsverlauf)?
- **Aufbau:** Wie beginnt bzw. endet die Geschichte (unmittelbarer Anfang/offener Schluss)? Aus welcher Perspektive wird die Geschichte erzählt? Sind Zeitsprünge oder überraschende Wendungen vorhanden?
- **Erzählweise:** Gibt es Auffälligkeiten bei der Wortwahl oder dem Satzbau (Dialekt, Fremdwörter, wörtliche Rede ...)? Enthält der Text Sprachbilder, die zu deuten sind (Metaphern, Personifikationen)? In welcher Zeitform wird erzählt? Aus welcher Perspektive wird erzählt (Ich-Perspektive, personale Perspektive, auktoriale Perspektive? Enthält die Geschichte wörtliche Rede?
- **Deutungsmöglichkeiten / Bewertung:** Welche Aussage beinhaltet die Kurzgeschichte? Woran kann diese festgemacht werden? Entspricht die Aussage des Textes deiner Meinung? Wie bewertest du das Verhalten der Personen?

REGEL

Eine **schriftliche Analyse** besteht aus drei Teilen, der **Einleitung**, dem **Hauptteil** und dem **Schlussteil**:

A) In der **Einleitung** nennst du den **Titel**, den **Autor** und die **Textsorte.** In einem Satz gehst du kurz auf das **Thema** des Textes ein und formulierst eine erste Deutungshypothese.

B) Der **Hauptteil** ist der wichtigste Teil der Analyse. Darin untersuchst du den Text genauer. Dabei beziehst du dich auf die oben genannten Punkte zum Inhalt, zum Aufbau etc. Am aussagekräftigsten ist deine Untersuchung, wenn du einzelne Punkte miteinander verknüpfst oder sie aufeinander beziehst. Demnach stehen Aussagen zum Inhalt und zur Form nicht isoliert voneinander. Deine Aussagen müssen am Text belegt werden. Führe Zitate an bzw. gib die Zeile an, auf die du dich beziehst.

C) Im **Schlussteil** greife besonders wichtige Punkte der Analyse noch einmal auf und fasse sie zu einer Gesamtdeutung zusammen. Nimm dazu auch persönlich Stellung.

Im Folgenden werden wir eine Kurzgeschichte analysieren. Wir gehen dabei systematisch vor. Die Fragen von Seite 47 bis 49 geben dir Arbeitsschritte vor, die du immer wieder verwenden kannst.

1 **Lies den Text zunächst einmal durch und notiere danach deinen ersten Eindruck. Lies die Geschichte dann ein zweites Mal genau durch und markiere dabei wichtige Stellen.**

Annette Rauert

Der Schritt zurück

Er stand ganz am Rand. Unter ihm die gleißende Wasseroberfläche. Wie geschmolzenes Blei sah es aus. In seinen Schläfen hämmerte es. Er hatte Angst, nackte Angst. Hinter sich hörte er die Stimme seines Trainers: „Spring!“ Das Pochen nahm zu, gleich musste es seinen Kopf sprengen. Zwischen ihm und der Wassermasse gab es nur dieses kleine schwankende Brett, zehn Meter hoch.

Leute starrten nach oben. Sie warteten. Ihre Gesichter waren feindlich. Trotzdem fühlte er sich ihnen verpflichtet. Er musste springen, damit sie ihre Sensation bekamen. Er fühlte, dass er es nicht schaffen würde. Er war noch nicht soweit. Aber er musste beweisen, dass er ein Mann war. Lieber tot sein, als sich vor diesen Gesichtern zu blamieren. Nur noch ein paar Sekunden atmen, dachte er, mehr verlange ich gar nicht. Er blickte nach unten. Warum lächelte niemand? Lauter gespannte weiße Ovale mit harten Augen. Sie wissen, dass ich es nicht kann. Es wurde ihm schlagartig klar. Sie wissen, dass etwas passieren wird. Warum rief ihn niemand zurück? [...]

Er forschte in seinem Gewissen. Wenn er sprang, war irgendetwas damit erreicht? Tat er damit etwas Falsches? Etwas Richtiges? Er wusste, was er tun sollte, warum sträubte er sich dagegen? Aber war das Springen heldenhaft, hatte es einen Sinn? Ein Schritt nur! Sein

Fuß schob sich langsam vor. Dann ging ein Ruck durch seine Gestalt. Er richtete sich auf und drehte sich um. Ganz bewusst. Seine Unsicherheit war von ihm gewichen, der Druck, der auf ihm lastete, verschwand. Langsam kletterte er die Leiter hinab und schritt durch die starre Gruppe.

Zum ersten Mal in seinem Leben trug er den Kopf hoch. Er begegnete den Blicken der anderen mit kühler Gelassenheit. Keiner sprach ein Wort oder lachte gar. Er fühlte sich so stark, als hätte er gerade die wichtigste Prüfung in seinem Leben bestanden. Er spürte so etwas wie Achtung vor sich selbst. Eines Tages würde er auch springen, das wusste er plötzlich.

Annette Rauert: Der Schritt zurück. Aus: Werkbrief für die Landjugend 1080/1. In Geschichten uns wiederfinden. Teil 2. Landesstelle der Katholischen Landjugend Bayerns. München 1980

2 Verwende deine Notizen und Unterstreichungen, um diese Mindmap zu ergänzen.

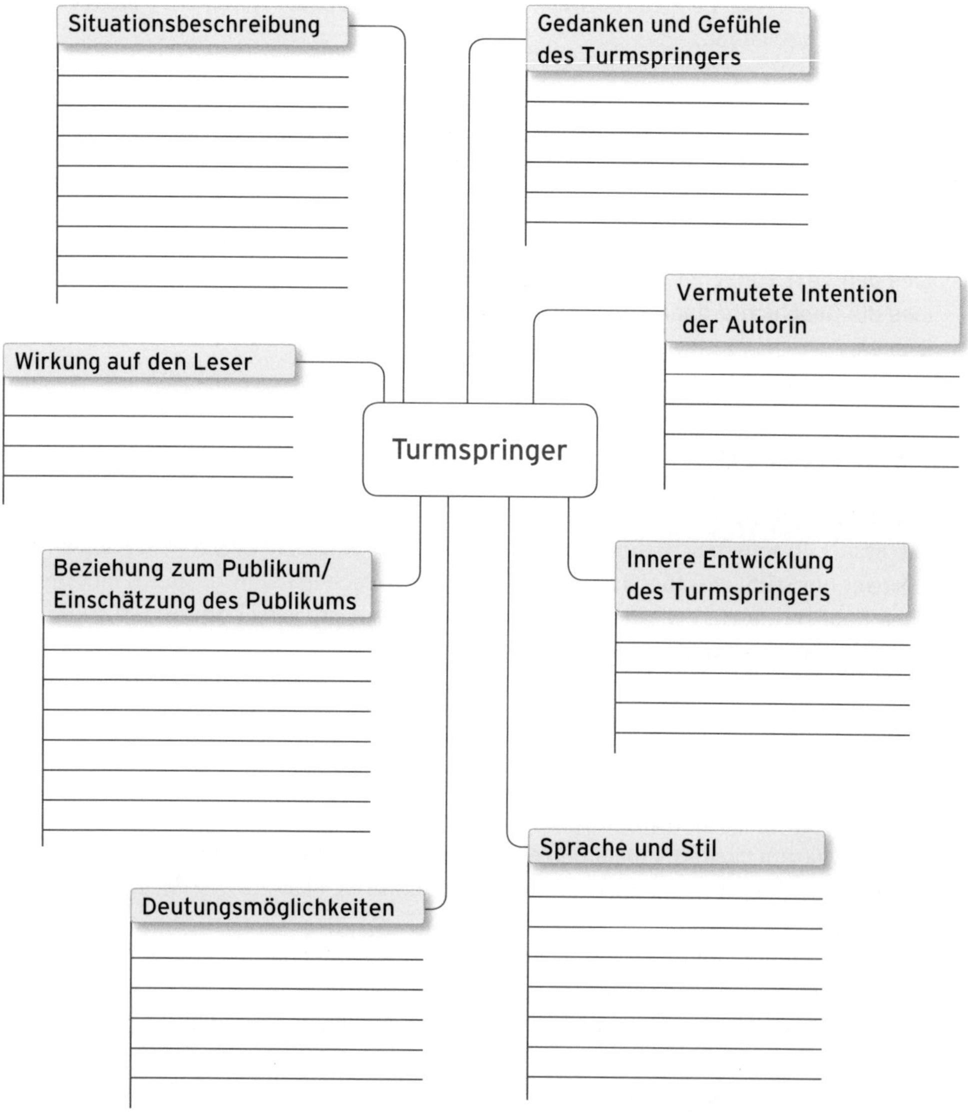

3 **Fertige eine detaillierte Gliederung für die Textbeschreibung der Kurzgeschichte an.**
Die Gliederung sollte folgende Punkte beinhalten:
A) Einleitung mit Basissatz (Autor, Textsorte, Hauptperson und Thema)
B) Hauptteil
- Inhaltsangabe
- Wirkung der Geschichte auf den Leser
- Äußerer Aufbau des Textes: Unterteilung in vier Abschnitte
- Innere Entwicklung des Turmspringers
- Seine Einschätzung des Publikums
- Gründe für seinen Umschwung
- Sprache und Stil
- Vermutete Intention

C) Schluss: Zentrale Textaussage/Was wir aus der Kurzgeschichte lernen können?

TIPP

Im **Schlussteil** hast du verschiedene Möglichkeiten, um einen eigenen Standpunkt zur Textaussage darzulegen:
- Du kannst dich zu dem Verhalten der Personen äußern bzw. es bewerten.
- Du kannst ähnliche Situationen, die du mit dem Text verbindest, nennen und die Bezüge erläutern.

4 Schreibe eine passende Einleitung für die Textbeschreibung. Vielleicht hast du eine gute Idee für einen originellen Einstieg, indem du z. B. schon dort das Thema der Geschichte erwähnst oder von einer vergleichbaren Erfahrung ausgehst.

....

....

....

....

....

....

5 Beginne nun mit der Ausarbeitung des Hauptteils, indem du die Mindmap und die Gliederung zugrunde legst. Denke dabei daran, dass die einzelnen Teile möglichst durch gute Übergänge zu verbinden sind.

6 Überlege dir einen passenden Schluss, der so beginnen kann:

Mit der Kurzgeschichte „Der Schritt zurück“ will Annette Rauert zeigen, wie wichtig es ist, …

Der nachfolgende Text ist ein Auszug aus dem Roman „Deutschstunde" von Siegfried Lenz, der 1968 erstmals erschien und in dem es vor allem um Pflicht, Schuld und Autoritätsgläubigkeit geht. Das Buch wurde schnell ein großer Erfolg bei Kritikern und Publikum. Bei einem derartigen literarischen Text kann niemand von dir erwarten, dass du diesen Roman kennst. Und auch, wenn du den Namen Siegfried Lenz zum ersten Mal hören solltest, ist das nicht weiter schlimm. Denn in einer Prüfung werden in erster Linie nicht Kenntnisse der deutschen Literaturgeschichte geprüft, sondern deine Fähigkeiten im Verständnis und in der Bearbeitung eines gehaltvollen Textes.
Umso wichtiger ist es dann allerdings, dass du den zu bearbeitenden Text sehr sorgfältig und am besten mehrmals liest. Danach kommt es besonders darauf an, dass du in der Lage bist, die richtigen Fragen zum Text zu stellen, um ihn genau beschreiben und interpretieren zu können.
Überlege bitte schon beim ersten Lesen, in welcher Zeit das im Roman dargestellte Geschehen spielt. Einen deutlichen Hinweis dazu findest du gleich in der allerersten Zeile.

Siegfried Lenz

Das Malverbot

Im Jahr dreiundvierzig, um mal so zu beginnen, an einem Freitag im April, morgens oder mittags, bereitete mein Vater Jens Ole Jepsen, der Polizeiposten der Außenstelle Rugbüll, der nördlichste Polizeiposten von Schleswig-Holstein, eine Dienstfahrt nach Bleekenwarf vor, um dem Maler Max Ludwig Nansen, den sie bei uns nur den Maler nannten und nie aufhörten, so zu nennen, ein in Berlin beschlossenes Malverbot zu überbringen. Ohne Eile suchte mein Vater Regenumhang, Fernglas, Koppel, Taschenlampe zusammen, machte sich mit absichtlichen Verzögerungen am Schreibtisch zu schaffen, knöpfte schon zum zweiten Mal den Uniformrock zu und linste – während ich vermummt und regungslos auf ihn wartete – immer wieder in den mißlungenen Frühlingstag hinaus und horchte auf den Wind. Es ging nicht nur Wind: dieser Nordwest belagerte in geräuschvollen Anläufen die Höfe, die Knicks und Baumreihen, erprobte mit Tumulten und Überfällen die Standhaftigkeit und formte sich eine Landschaft, eine schwarze Windlandschaft, krumm, zerzaust und voll unfaßbarer Bedeutung. Unser Wind, will ich meinen, machte die Dächer hellhörig und die Bäume prophetisch, er ließ die alte Mühle wachsen, fegte flach über die Gräben und brachte sie zum Phantasieren, oder er fiel über die Torfkähne her und plünderte die unförmigen Lasten.
Wenn bei uns Wind ging und so weiter, dann mußte man sich schon Ballast in die Taschen stecken – Nägelpakete oder Bleirohre oder Bügeleisen –, wenn man ihm gewachsen sein wollte. Solch ein Wind gehört zu uns, und wir konnten Max Ludwig Nansen nicht widersprechen, der Zinnadern platzen ließ, der wütendes Lila nahm und kaltes Weiß, wenn er den Nordwest sichtbar machen wollte – diesen wohlbekannten, uns zukommenden Nordwest, auf den mein Vater argwöhnisch horchte.
Ein Rauchschleier schwebte in der Küche. Ein nach Torf duftender, zuckender Rauchschleier schwebte im Wohnzimmer. Der Wind saß im Ofen und paffte uns das Haus voll, während mein Vater hin und her ging und offenbar nach Gründen suchte, um seinen Aufbruch zu verzögern, hier etwas ablegte, dort etwas aufnahm, die Gamaschen im Büro anlegte, das Dienstbuch am Eßtisch in der Küche aufschlug und immer noch etwas fand,

was seine Pflicht hinausschob, bis er mit ärgerlichem Erstaunen feststellen mußte, daß etwas Neues aus ihm entstanden war, daß er sich gegen seinen Willen in einen vorschriftsmäßigen Landpolizisten verwandelt hatte, dem zur Erfüllung seines Auftrags nichts mehr fehlte als das Dienstfahrrad, das, gegen einen Sägebock gelehnt, im Schuppen stand.

So war es an diesem Tag vermutlich die aus Gewohnheit zustande gekommene äußere Dienstbereitschaft, die ihn schließlich zum Aufbruch zwang, nicht der Eifer, nicht die Berufsfreude und schon gar nicht die ihm zugefallene Aufgabe; [...]

Mein Vater sah wohl ein, daß er Max Ludwig Nansen noch etwas schuldete, darum sagte er: Ich hab mir das alles nicht ausgedacht, Max, das kannst du mir glauben. Mit dem Berufsverbot habe ich nix zu tun, ich hab das alles nur zu überbringen.

Aus: Siegfried Lenz: Deutschstunde. Hamburg, 17. Auflage 1986 (1. Auflage 1968), S. 18 f.
© 1968 by Hoffmann und Campe Verlag, Hamburg
Aus urheberrechtlichen Gründen ist dieser Text nicht in reformierter Rechtschreibung abgedruckt.

7 **Gehe bei der Aufgabe wieder schrittweise vor und beantworte die Fragen. Notiere nach dem ersten Durchlesen Folgendes:**

a) Wie ist der erste Eindruck? Was sagt dir der Textausschnitt?
b) Wann und wo spielt die Episode, wer sind die Hauptpersonen?
c) Was ist wohl das eigentliche Thema des Textes, um welchen Konflikt geht es da?

TIPP

Überlege dir unbedingt weitere Fragen, die man an den Text stellen kann. Einige wichtige Fragen findest du nachfolgend.

8 **Lies den Text noch wenigstens einmal genau durch und markiere dabei wichtige Stellen. Mache danach eine Stichwortsammlung oder lege eine Mindmap an. Gehe dabei auf folgende Fragen ein:**

a) Wer ist der Ich-Erzähler? Aus welcher Perspektive erzählt er das Geschehen?
b) Wie ist das Verhältnis des Jungen zu seinem Vater? Wie beschreibt er ihn und seine „Dienstfahrt"?
c) Was hat es mit dem Maler auf sich? Welches Ansehen genießt er? Wie malt er? Was wird ihm eigentlich vorgeworfen?
d) Welche Bedeutung kommt dem Wind zu? Ist er eine Personifikation? Wofür? In welcher Beziehung stehen Wind und der Maler zueinander?
e) Wie steht der Vater zu dem Malverbot, das er überbringen muss? Warum macht er das?
f) In wie viele Abschnitte ist der Text gegliedert? Worum geht es in den einzelnen Abschnitten?
g) Wie ist die Sprache des Verfassers? Welche Stilmittel benutzt er? Wie erzeugt er Spannung und Interesse? Was bewirkt die Sprache beim Leser?
h) Was ist das eigentliche Thema des Textes? Um was für einen Konflikt geht es? Wie steht der Junge zu diesem Konflikt, wem gelten seine Sympathien?
i) Welche Intention könnte Siegfried Lenz mit diesem Roman verfolgt haben?

9 Fertige eine detaillierte Gliederung an und achte dabei wieder auf folgende Punkte:

A) Einleitung mit einem Basissatz und einer kurzen Angabe zu Ort und Zeit des Geschehens

B) Hauptteil:
1. Inhaltsangabe
2. Wirkung der Geschichte auf den Leser
3. Erzählperspektive und Angaben zum Ich-Erzähler
4. Beschreibung des Vaters und seiner zunächst widerwilligen Pflichterfüllung
5. Schilderung des Malers
6. Die Bedeutung des Windes
7. Herausarbeitung des zentralen Konflikts
   a) Konflikt des Vaters
   b) Folgen für den Maler
   c) Konflikt des Sohnes
8. Aufbau und Sprache des Textes
9. Mögliche Intention(en) des Textes

C) Schluss: Bloße Pflichterfüllung war und ist problematisch. Es kommt darauf an, Gesetze und Vorschriften zu hinterfragen.

10 Schreibe eine passende Einleitung, in der du möglichst auch schon das Thema der Geschichte nennst. Falls du noch einen aktuellen Aufhänger findest, umso besser!

11 Beginne nun mit der Reinschrift. Überdenke und nutze deine Einleitung und orientiere dich an deiner Gliederung. Schreibe möglichst zügig, mache aber ab und zu kleinere Pausen und vergewissere dich dabei, ob du auch wirklich konsequent das Thema bearbeitest oder ob du vielleicht in Gefahr bist, da und dort vom Thema abzuschweifen.

12 Überlege dir einen guten Schluss, der die Ergebnisse deiner Arbeit zusammenfasst und noch einmal das zentrale Konfliktthema benennt. Damit könnte die Frage verbunden sein, was uns dieser Text heute noch zu sagen hat.

TIPP

Lies deine Arbeit zur Korrektur noch wenigstens zweimal durch: Einmal in puncto Rechtschreibung, Zeichensetzung und Grammatik und einmal hinsichtlich Sprache, Stil und Ausdruck.

Analyse und Interpretation eines Gedichtes

REGEL

Das wichtigste Merkmal aller lyrischen Texte ist die gebundene Sprache in **Versen.** Die Zeilenenden werden vom Verfasser bewusst gesetzt. Zumeist wird der Text in verschiedene **Strophen** unterteilt. Lyrische Texte zeichnen sich außerdem durch ihre **sprachliche Dichte** aus. Eine Vielzahl **sprachlicher Gestaltungsmittel** wird mit bestimmten **Formmerkmalen** verknüpft, um eine unverwechselbare Wirkung zu erzielen.
Im Laufe der Jahrhunderte haben sich verschiedene thematische Schwerpunkte ergeben: **Natur-, Großstadt-, Erlebnis-, Liebes-, Gedankenlyrik und politische Lyrik.**
Viele Gedichte weisen ein Reimschema auf: Paarreim (aabb), Kreuzreim (abab), umarmender Reim (abba), Schweifreim (aabccb), dreifache Reimreihe (abcabc).
Häufig sind die Verse eines Gedichtes auch vom **Sprechrhythmus** her nach einem **Metrum**, Versmaß genannt, gegliedert. Mit „Metrum" ist die Abfolge von betonten und unbetonten Silben gemeint. Schon seit der Antike gibt es folgende Metren: Jambus (xx́), Trochäus (x́x), Daktylus (x́xx), Anapäst (xxx́). Unbetonte Silben am Versende nennt man **weibliche Kadenz**, betonte **männliche Kadenz.** Folgen in einem Vers beispielsweise vier vollständige Jamben aufeinander, so benenne das Metrum folgendermaßen: „vierhebiger (viertaktiger) Jambus mit männlicher Kadenz". In der **modernen Lyrik** wird häufig auf traditionelle Formmerkmale wie Reimbindung und strenges Metrum verzichtet.
Den Sprecher bzw. die Sprecherin eines Gedichts nennt man **lyrisches Ich.** Es vermittelt Gedanken, Gefühle und Beobachtungen, ist aber nicht mit dem Autor gleichzusetzen.

Viele Gedichtformen sind dir sicher im Unterricht schon einmal begegnet, zum Beispiel:

Form	Beschreibung
Ballade	In Strophen gegliederte, längere Gedichtform mit Reim und Tendenz zu festem Metrum. Zumeist werden in ihr handlungsreiche Geschichten erzählt. Episches, Lyrisches und Dramatisches werden verbunden. Beispiel: Johann Wolfgang von Goethe: Der Zauberlehrling.
Bänkelsang	Auf Jahrmärkten oder Marktplätzen vorgetragene Lieder über außergewöhnliche oder schauerliche Begebenheiten (Moritat). Der Sänger stand zumeist auf einer Bank und zeigte Bilder zum Inhalt. Im 20. Jh. wird im Chanson, Folk- oder Protestsong diese Form wieder aufgegriffen. Beispiel: Bertolt Brecht: Mackie Messer.
konkrete Poesie	Neukombination von sprachlichen Elementen (Wörter, Silben, Buchstaben) als visuelle oder akustische Gestalten unter Verzicht auf jegliche Aussage. Beispiel: Ernst Jandl: ottos mops.
Lied	In Strophen gebaute Gedichtform mit kurzen Versen und Reimbindung. Reim und Metrum werden oft nicht streng durchgehalten. Zum Teil ist ein Refrain (Kehrreim) zu finden, eine regelmäßige Wiederholung von Versen in bestimmten Abständen. Beispiel: Volkslieder.

Haiku	Kürzeste und konzentrierteste Gedichtform aus der japanischen Tradition, die aus drei Versen besteht: 5-7-5 Silben.
Sonett	Gedichtform aus Italien, die in ihrer Grundform aus zwei Quartetten (vierzeilige Strophe) und zwei Terzetten (dreizeilige Strophe) besteht. Das Reimschema ist in der Regel: abba / abba / cdc / cdc. Beispiel: Rainer Maria Rilke: Sonette an Orpheus.
Song	Zumeist aktuelle politische und zeitkritische Liedgattung mit Strophenaufbau und Refrain. Beispiel: Wolf Biermann: Arbeitslos.

Das folgende geistreich-satirische Gedicht des großen Schriftstellers und bekannten Kinderbuchautors Erich Kästner regt zum Lachen und Nachdenken an. Es erschien im Jahr 1931. Allerdings ist es gar nicht so leicht, ein solches Gedicht auch noch zu beschreiben und zu interpretieren. Um dir dies zu erleichtern, finden sich hier eine Reihe von Fragen, die dabei helfen, das Gedicht zu erschließen.

Erich Kästner

Die Entwicklung der Menschheit (1931)

Einst haben die Kerls auf den Bäumen gehockt,
behaart und mit böser Visage.
Dann hat man sie aus dem Urwald gelockt
und die Welt asphaltiert und aufgestockt,
bis zur dreißigsten Etage.

Da saßen sie nun, den Flöhen entflohn,
in zentralgeheizten Räumen.
Da sitzen sie nun am Telefon.
Und es herrscht noch genau derselbe Ton
wie seinerzeit auf den Bäumen.

Sie hören weit. Sie sehen fern.
Sie sind mit dem Weltall in Fühlung.
Sie putzen die Zähne. Sie atmen modern.
Die Erde ist ein gebildeter Stern
mit sehr viel Wasserspülung.

Sie schießen die Briefschaften durch ein Rohr.
Sie jagen und züchten Mikroben.
Sie versehn die Natur mit allem Komfort.
Sie fliegen steil in den Himmel empor
und bleiben zwei Wochen oben.

Was ihre Verdauung übrigläßt,
das verarbeiten sie zu Watte.
Sie spalten Atome. Sie heilen Inzest.
Und sie stellen durch Stiluntersuchungen fest,
daß Cäsar Plattfüße hatte.

So haben sie mit dem Kopf und dem Mund
Den Fortschritt der Menschheit geschaffen.
Doch davon mal abgesehen und
bei Lichte betrachtet sind sie im Grund
noch immer die alten Affen.

Erich Kästner: Die Entwicklung der Menschheit. In: ders.: Ausgewählte Schriften. Bd. 1. Zürich 1983, S. 223 f.
© Atrium Verlag, Zürich und Thomas Kästner
Aus urheberrechtlichen Gründen ist dieser Text nicht in reformierter Rechtschreibung abgedruckt.

13 Lies das Gedicht mehrere Male durch.

a) Wie ist dein erster Eindruck?
b) Worum geht es eigentlich in dem Gedicht? Was ist das Thema des Gedichts, um welchen Konflikt geht es?
c) Wie ist der Ton des Gedichts? Zu welcher Gattung gehört es?

REGEL

Um ein Gedicht analysieren und interpretieren zu können, solltest du als **Vorarbeit** die wichtigsten **formalen und sprachlichen Elemente** erschließen. Aus deren Beziehungen zueinander ergeben sich dann **Wirkung und Deutung.** Manchmal musst du auch den **Entstehungshintergrund** bedenken, denn er liefert Zusatzinformationen, die für das Verständnis von Bedeutung sein können.

formaler Aufbau: Gedichtform, Strophenaufbau, Reim, Metrum	inhaltlicher Aufbau: Überschrift, Thema/Motiv, Grundstimmung, Atmosphäre, Handlung, lyrisches Ich/Du
sprachliche Gestaltung: Schlüsselwörter, Wortwahl, Stilmittel, Bildfeld, Satzbau, Interpunktion	Entstehungshintergrund: zeitgeschichtliche Ereignisse, Biografie des Autors/der Autorin (soweit bekannt)

14 Markiere wichtige Stellen des Gedichts. Mache danach eine Stichwortsammlung oder lege eine Mindmap an. Die Fragen sollen dich bei deiner Überlegungen unterstützen:

a) Wie ist das Gedicht aufgebaut (Anzahl der Strophen und Verse)? Welche Strophen gehören thematisch zusammen?
b) Wie lautet die zentrale Aussage des Gedichts? Versuche, die These in eigene Worte zu fassen.
c) Mit welchen Beispielen belegt Kästner seine Kernthese? Von welchen Errungenschaften der Menschheit ist hier die Rede? Für welche Bereiche der Zivilisation stehen diese Beispiele?

d) Gelten diese Beispiele heute noch? Ist das Gedicht zeitlos gültig? Was hat es uns zu sagen?
e) Fallen dir aktuelle Beispiele ein, um die Kernthese des Gedichts zu belegen?
f) Wie ist die Sprache des Gedichts, wie das Reimschema? Wieso hat das Gedicht pro Strophe wohl gerade fünf Zeilen? Unterstützen Form und Sprache die Aussage des Gedichts?
g) Aus welcher Perspektive ist das Gedicht geschrieben? Wie sieht der Autor die Menschen? Differenziert er oder ist er eher einseitig? Was bewirkt die übertriebene Darstellung?
h) Welche Intention dürfte Kästner bei diesem Gedicht gehabt haben?
i) Kann man die „Entwicklung der Menschheit" auch positiver sehen?

15 **Fertige eine detaillierte Gliederung für deine Gedichtinterpretation an. Achte dabei auf diese Punkte:**

A) Einleitung mit einem aktuellen Aufhänger sowie dem Basissatz und der Formulierung der Kernthese
B) Hauptteil:
   1. Wirkung des Gedichts auf den Leser
   2. Textbeschreibung in Form einer gegliederten abschnittsweisen Zusammenfassung
   3. Einteilung der zivilisatorischen Errungenschaften
   4. Bereiche, in denen sich die Menschheit nicht weiter entwickelt hat
   5. Sprache und Form des Gedichts
   6. Der satirische Charakter des Gedichts: Wie Form und Inhalt sich ergänzen
   7. Vermutete Intention des Autors
   8. Einseitigkeiten der Sichtweise des Gedichts
   9. Hinweis auf positive Entwicklungen der Menschheit
C) Schluss

16 **Suche nach einem passenden Aufhänger, der Kästners Kernthese veranschaulicht, und schreibe dann die Einleitung vor.**

17 **Beginne nun mit der Reinschrift. Nutze deine vorformulierte Einleitung und variiere diese gegebenenfalls. Orientiere dich an deiner Gliederung, wobei du darauf achten solltest, das eigentliche Thema immer im Auge zu behalten.**

18 **Überlege dir einen stimmigen Schluss, der die Ergebnisse der Gedichtinterpretation knapp zusammenfasst und vielleicht in einem Ausblick noch die Frage aufwirft, was wir aus diesem Gedicht lernen können.**

Zwischentest

Klasse vorbereitet?

1 Welche Angaben gehören in den Einleitungssatz einer Textbeschreibung?

....

7

2 Notiere, auf welche Gesichtspunkte du bei der Textbeschreibung einer Kurzgeschichte besonders achten solltest.

....

....

....

6

3 Fertige eine grobe Gliederung für eine Textbeschreibung an. Überlege, welche Intention die Autorin mit der Kurzgeschichte verfolgt haben könnte.

11

Marie Luise Kaschnitz

Zu Hause

Die ersten, die zurückkamen, erregten durch ihre frischen Stimmen, ihr gutes Aussehen und ihr normales Verhalten Erstaunen. Sie schlugen uns auf die Schultern, fragten, nun wie gehts auf der alten Erde, und freuten sich offensichtlich uns wiederzusehen. Ihre Frage war rhetorisch, sie sind dort über alles, was uns betrifft, genau im Bilde, so wie auch wir über das Leben auf der Weltraumstation genau im Bilde sind. Wir kennen nicht nur ihre Arbeitsstätten und ihre etwas öden aber bequemen Wohnungen, sondern auch ihre künstlichen Gärten, Maiglöckchen aus Plastik mit Maiglöckchenparfum, Rasen aus Plastik mit Geruch von frischem Gras. Auch das runde mit Humus gefüllte und von vier Weltraumpolizisten Tag und Nacht bewachte Becken, das im Mittelpunkt ihrer öffentlichen Anlage steht, ist uns bekannt. Wir bedauern diese armen Menschen mit ihren Plastikblumen und ihrem Humusbecken und natürlich hatten wir uns schon lange überlegt, wie wir ihnen eine Freude machen könnten. Schließlich waren wir darauf verfallen, sie gleich nach ihrer Ankunft in einen Wald zu fahren. Der Wald war recht abgelegen, es gab in ihm noch einsame Tümpel, schroffe Felsen und dickes Moos. Wir erwarteten, dass die Heimkehrer darüber in Entzücken geraten, ja dass sie sich womöglich auf den Boden werfen und das Moos und die feuchten Herbstblätter aufwühlen würden. Sie taten aber nichts dergleichen, sondern standen höflich gelangweilt herum. Dann verlangten sie zurück in die Stadt. Sie wollten das Fernsehprogramm nicht versäumen, die Nachrichten von dort. (Von zu Hause, sagten sie.)

„Zu Hause", aus: Marie Luise Kaschnitz, „Steht noch dahin", Seite 55.
© 1970 Suhrkamp Verlag Frankfurt am Main

Gesamtpunktzahl 24

Kontrolliere deine Ergebnisse mithilfe der Lösungen (S. 122) und addiere die erreichten Punkte.

☐ 24 bis 19 Punkte: ☺ ☐ 18 bis 12 Punkte: 😐 ☐ 11 bis 0 Punkte: ☹

Lernplaner

Argumentieren und Erörtern

Vorschau

→ Einen Standpunkt gut begründet vertreten
→ Ein Thema erörtern
→ Arbeitsschritte und -hilfen für gutes Argumentieren

Bis zum Ende der 10. Klasse solltest du im Fach Deutsch eine Reihe von Kompetenzen in den Bereichen „Sprechen – Lesen – Schreiben" erworben haben, die du in der schriftlichen Abschlussprüfung unter Beweis stellen musst. Besonders wichtig ist dabei der Umgang mit fremden Texten und Gedanken, die untersucht und erörtert werden sollen. Du musst also in der Lage sein, vorgegebene Texte zu verstehen, zu erläutern und zu problematisieren.

Dafür kommt es vor allem darauf an, dass du lernst, Argumente und Gegenargumente zu entwickeln und gegeneinander abzuwägen. Danach solltest du in der Lage sein, begründet Stellung zu nehmen. All dies geschieht am besten in Form der Pro-und-Kontra-Erörterung, die in gewisser Weise einer Diskussion entspricht, bei der ja auch kontroverse, also gegensätzliche Argumente ausgetauscht werden. Dieses Verfahren, bei dem eine These mit einer Gegenthese konfrontiert wird, bezeichnet man auch als dialektische Methode. Deren Ziel besteht darin, die besten Argumente beider Seiten in Form einer Synthese zu verbinden. Die so im Meinungsaustausch gefundene Synthese entspricht der abgewogenen Stellungnahme, die ebenfalls nicht einseitig, sondern differenziert sein sollte.

Viele Debatten der Politiker und im Fernsehen machen allerdings den Eindruck, als ob es in der Öffentlichkeit oft gar nicht darum ginge, zu differenzieren und behutsam zu argumentieren. Lass dich von diesen oft inszenierten Meinungsschlachten und Polemiken in den Medien aber nicht irritieren, denn das Ziel des Deutschunterrichts geht trotzdem dahin, dass alle Schülerinnen und Schüler sich in der Kunst üben sollen, Argumente sachlich zu begründen und friedlich auszutauschen. Und wenn dir dies schließlich gelingt, darfst du sogar stolz sein, weil du damit über eine sehr wertvolle Technik verfügst, mit der sogar viele Erwachsene ihre großen Schwierigkeiten haben.

Einen Standpunkt vertreten

REGEL

Im Alltag musst du in verschiedenen Situationen deine **Meinung äußern und vertreten**, zum Beispiel, wenn du ein Ziel durchsetzen willst oder in Diskussionen und Streitgesprächen. Du hast eine größere Chance, andere zu überzeugen, wenn du dich vorher über das Thema, um das es geht, informiert hast und wenn du dich auch gedanklich mit Argumenten und Gegenargumenten auseinandergesetzt hast. So können die Argumente der Gegenposition entkräftet werden. Auch in schriftlichen Texten werden Standpunkte mit verschiedenen Zielsetzungen vertreten, um öffentlich eine Meinung zu äußern, um andere wachzurütteln, um zu appellieren oder um wertend Stellung zu einem aktuellen Sachverhalt, Ereignis oder Thema zu nehmen. In **Kommentaren** oder **Leserbriefen** setzen sich die Schreiber mit einem Sachverhalt auseinander und stellen die eigene Position dar. Auch in satirischen Texten (**Glosse, Parodie, Satire** und **Karikatur**) wird aufgrund der übertriebenen Darstellung indirekt die Kritik des Schreibers deutlich.

1 Lies den Kommentar von Günter Ozdyk und erschließe ihn durch Markieren der Schlüsselwörter. Kläre unbekannte Begriffe, gliedere in Sinnabschnitte, überlege dir passende, mögliche Zwischenüberschriften.

Günter Ozdyk (2004)

„Geiz ist geil!“

Ist das wirklich so, sind die Verbraucher wirklich so geworden? Kann man mit Aussagen, die noch vor einer Generation unmöglich und gegen jedes Gefühl von Anstand gewesen wären, Kunden gewinnen? Vielleicht ein sehr deutliches Zeichen für Werteverfall in unserer Gesellschaft? Vielleicht resignieren Verbraucher ja auch vor der Übermacht und ertragen diese und ähnliche Beleidigungen. Es scheint nicht einmal die logische Reaktion, bei solchen Unternehmen nicht mehr zu kaufen, einzutreffen. Nur weil es viele Menschen gibt, die nicht geizig sind mit ihrem Geld, ihrer Zeit, ihrer Begabung und ihrer Liebe, überleben andere Menschen in schwierigen Zeiten. Schreckliche Vorstellung, wenn man daran denkt, jeder würde sich so verhalten, wie die Werbung uns einredet. Geiz ist geil! Täglich verhungern 18.000 Kinder auf dieser Welt, denen durch Geld geholfen werden könnte. Geiz ist geil! Elf Millionen Kinder sterben jährlich an vermeidbaren Krankheiten. Eine Frage des Geldes. Geiz ist geil! Kinder in vielen Ländern knüpfen Teppiche, die in deutschen Geschäften billig angeboten werden, arbeiten in Bergwerken oder auf Plantagen. Kinderarbeit zerstört die Zukunftsaussichten von Millionen von Kindern, weil sie keine Möglichkeit haben, eine Schule zu besuchen. Die Produkte kommen billig auf unsere Märkte. Geiz ist geil!

Für Bauern in vielen Ländern gibt es nur eine Chance zum Überleben, Anbau von Rauschgift. Die Preise, die Händler für Lebensmittel zahlen, reichen halt nicht zum Überleben aus. Dieses Rauschgift taucht dann bei uns in Europa auf. Geiz ist geil! Obdachlose leiden gerade im Winter extrem. Vielen könnte durch Geld geholfen werden. Geiz ist geil! Arbeitslose werden in unserer Gesellschaft ausgegrenzt und verlieren jegliche Perspektive. Viele von ihnen sind betroffen, weil Gewinne von Unternehmen maximiert werden. Geiz ist geil!

Wir Menschen haben doch eigentlich von Gott ein feines Gespür dafür bekommen, was richtig und was falsch ist. Achten Sie auf dieses Gespür und lassen Sie sich nichts vormachen. Auch diese Werbung wird vergehen.

2 Was will der Autor Günter Ozdyk mit seinem Kommentar erreichen (Ziel)? Wen spricht er an (Adressat)? Von welchen Thesen geht er aus?

Ziel: ....

....

....

Adressat: ....

....

....

Thesen: ....

....

....

....

....

....

....

....

3 Welche inhaltlichen und sprachlichen Mittel verwendet er, um dem Leser seine Position zu verdeutlichen?

– *Ozdyk beginnt seinen Kommentar mit drei einleitenden Fragen, die indirekt den Schreibanlass begründen (Z. 1–4)*

REGEL

Wenn man argumentiert, stellt man eine oder mehrere Thesen auf; das sind Aussagen, die behauptenden, wertenden oder empfehlenden bzw. fordernden Charakter haben. Diese Thesen versucht man durch Argumente zu stützen. Argumente können Fakten-, Wert- oder Autoritätsargumente sein.

Fakten-argumente	Hinweise auf Tatsachen; beruhen auf eigenen Erfahrungen oder sind mit wissenschaftlichen Erkenntnissen oder statistischen Untersuchungen abgesichert
Wert-argumente	Begründungen / Aussagen, die auf allgemein anerkannte Werte und Normen zurückgreifen, wie Meinungsfreiheit, Menschenwürde ...
Autoritäts-argumente	Berufung auf Autoritäten und Experten, zum Beispiel Politiker, Wissenschaftler, Prominente ...

4 Untersuche den Kommentar von Günter Ozdyk daraufhin, welche Art von Argumenten er einsetzt, um seinen Standpunkt bzw. seine Thesen zu begründen.

REGEL

Ein Standpunkt ist von anderen nachvollziehbar, wenn er mit mehreren Argumenten gut begründet und mit Beispielen veranschaulicht oder mit Belegen untermauert wird. Diese Abfolge nennt man Argumentationskette.

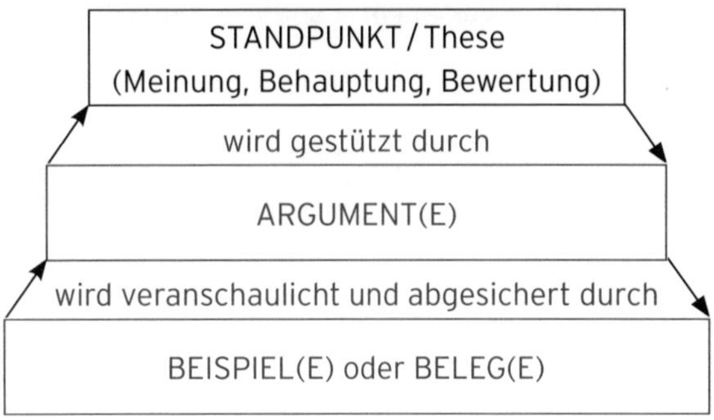

Beispiel: *Es gibt einen deutlichen Werteverfall in unserer Gesellschaft, denn Verbraucher lassen sich durch Werbung beleidigen und kaufen die Produkte dennoch. Obwohl Kunden als geizig beschrieben werden, macht die so werbende Geschäftskette große Umsätze.*

5 Wie stehst du zu der Meinung von Günter Ozdyk, die Menschen wären nur auf den eigenen Vorteil bedacht? Formuliere zunächst deinen eigenen Standpunkt.

....

....

....

....

....

....

6 Sammle in einer Tabelle Argumente, die deinen Standpunkt stützen. Es ist sinnvoll, auch die Gegenargumente zu berücksichtigen, damit du diese entkräften kannst.

Pro (jeder denkt nur an sich selbst)	Kontra (diese Vorstellung entspricht nicht der Realität)
– *viele Menschen kaufen nur billige Produkte, ohne daran zu denken, unter welchen Bedingungen sie hergestellt werden* – …	– *nicht alle Verbraucher lassen sich durch die Werbung beeinflussen* – …

7 Schreibe einen Leserbrief zu dem Kommentar von Günter Ozdyk. Entfalte deine Argumentation, indem du die gesammelten Argumente durch Beispiele veranschaulichst und durch Belege absicherst. Die Ausdrücke und Satzverknüpfungen unten helfen dir bei der Formulierung.
da – daher – deshalb – daraus folgt – dies bewirkt – dies hat zur Folge – dennoch – stattdessen – einerseits / andererseits – vor allem – sogar – außerdem

Wer geldgierig ist, bekommt nie genug, und wer den Luxus liebt, hat immer zu wenig. Meiner Meinung nach trifft diese Aussage auf unsere Gesellschaft zu/nicht zu …

Ein Thema erörtern

REGEL

Wenn du ein Thema oder eine Frage erörterst, setzt du dich schriftlich mit den **eigenen Gedanken (freie Erörterung)** und / oder mit dem **Inhalt von Texten (textgebundene Erörterung)** auseinander.
Ziel ist es, ein **begründetes persönliches Urteil** zu erreichen. Entscheidend für eine nachvollziehbare Schlussfolgerung sind **einleuchtende Argumente** und eine **schlüssige Gedanken- und Beweisführung.**
Man kann zwei Formen der Erörterung unterscheiden.

- **Geradlinige oder steigende Erörterung (lineare Form):** Aufgrund der Fragestellung (zumeist W-Fragen) wird nur die Darstellung einer Seite des Problems verlangt. Die Argumente werden der Wichtigkeit nach aufeinander aufgebaut; so erreicht man eine gewisse Steigerung. Man kann dabei auch Gegenargumente entkräften, um mögliche Bedenken auszuräumen.
- **Pro-und-Kontra-Erörterung (dialektische Form):** Zwei gegensätzliche Positionen werden im Detail erfasst und gegeneinander abgewogen. Abschließend muss (begründet) deutlich werden, welches Urteil der Autor fällt oder zu welcher Seite er tendiert. Das zu erörternde Thema kann als Behauptung, Forderung oder Entscheidungsfrage formuliert werden.

REGEL

Die Arbeitsschritte zur Textplanung sind für beide Formen ähnlich:

A) ungeordnete Stoffsammlung anlegen:	Sammle Ideen (Cluster, Karteikarten, Tabelle mit Pro und Kontra), die sich auf Bestandteile des Problems bzw. der Frage beziehen, zum Beispiel wissenschaftliche Belege, Fakten, Zahlen, eigene Erfahrungen, die du als Argumente verwenden kannst oder die als Beispiele sowie Belege die Argumentation stützen könnten.
B) Stoffsammlung ordnen:	Fasse Ideen, die Ähnliches meinen, zusammen. Formuliere Thesen und Begründungen und stütze diese durch Beispiele und Belege. Ordne sie hinsichtlich ihrer Wichtigkeit als Argumentationsketten an. Man kann hierzu in einer Tabelle mit Querverweisen arbeiten, Karteikarten ordnen und eine Mindmap anlegen.
C) die Erörterung schreiben:	**Einleitung:** Führe den Leser an das Thema heran und wecke sein Interesse, zum Beispiel durch ein persönliches Erlebnis, einen aktuellen Anlass, ein geschichtliches Ereignis, ein Zitat oder Sprichwort, ein statistisches Untersuchungsergebnis ... Du solltest auch auf Schlüsselbegriffe hinweisen und diese erklären. Wenn du textgebunden schreibst, solltest du den Text und die Meinung des Verfassers vorstellen, damit du dich später darauf beziehen kannst.

C) Fortsetzung:	**Hauptteil:** In diesem Teil werden die Argumente entfaltet: **These → Begründung → Beweis (Beispiel / Beleg) → Folgerung.** Um umfassend zu informieren, verknüpft man die verschiedenen Argumente miteinander zu Argumentationsketten. Ziel ist es, den zu erörternden Sachverhalt zu klären und evtl. auch Lösungsvorschläge bzw. Alternativen zu unterbreiten. Die Gliederung der Erörterung passt man der jeweiligen Form an. Wichtig ist jedoch immer, dass die Beweisführung den Leser überzeugt. **Schluss:** Formuliere zum Abschluss die Meinung, die du aufgrund deiner Argumentation vertrittst: persönliche Stellungnahme, zusammenfassende Bilanz, aber auch ein Kompromiss oder eine fehlende Entscheidung, wenn du dir aufgrund der Sachlage kein persönliches Urteil bilden kannst. Ebenso kannst du eine Aufforderung / einen Appell formulieren, einen Ausblick auf künftige Entwicklungen abgeben oder einen persönlichen Wunsch in Bezug auf die dargestellte Thematik äußern.

8 **Welche der Fragen und Themen erfordern eine lineare Form der Bearbeitung, welche müssen erarbeitet werden?**

a) Warum ist es sinnvoll, jeden Tag eine Tageszeitung zu lesen?

b) Jobben statt für die Schule pauken?

c) Mit Schuluniformen haben alle Schüler und Schülerinnen die gleichen Chancen!

d) Warum sollte die Wehrpflicht abgeschafft werden?

e) Wie kann man Vandalismus in der Schule vorbeugen?

f) Ist der Führerschein ab 17 sinnvoll?

g) Sollte Fastfood verboten werden – ja oder nein?

h) Es gibt viele Gründe, die für die Einführung einer Autobahnmaut für Pkw sprechen.

i) Die Teilnahme an einem Schüleraustausch sollte verpflichtend für alle Schüler und Schülerinnen sein.

j) Wohnen auf dem Land oder in der Stadt – eine Frage der Attraktivität?

k) Mit welchen Zielen sollte eine digitale Präsentation im Unterricht eingesetzt werden?

l) Piercing – Schönheit um jeden Preis?

m) Jeder Schüler benötigt einen Laptop.

Konrad Lischka

Apple-Tablet
Darum kaufe ich Oma ein iPad (und mir keins)

Apples Streichel-Computer könnte werden, was Netbooks sein wollen: ein Jedermann-Computer, günstig und gut genug für Alltagsanwendungen. Surfen, lesen, mailen und ohne DSL-Ärger online sein – erreicht das iPad neue computerferne Zielgruppen?

1985 erfand Apple einen cleveren Werbespruch: Der Heimrechner Macintosh war der „Computer for the rest of us", das Arbeitsgerät für die Nicht-Experten, die Normalos, die Menschen, die von Code und Programmierung keine Ahnung haben, sondern nur wollen, dass das Ding einfach tut, was man von ihm will.
Das ist bei Durchschnittsnutzern heute etwas mehr als 1985, aber nicht besonders viel: Web-Seiten aufrufen, Fotos anschauen, Musik hören, E-Mails lesen und ab und an einen kurzen Text schreiben.
Das iPad könnte dieses Versprechen einlösen. Bei der Präsentation war mir schnell klar: Ich würde mir so ein Gerät nicht kaufen. Aber ich werde es meiner Oma schenken, wenn es so gut funktioniert wie bei der großen Steve-Jobs-Show in San Francisco.
Warum? Ich habe meiner Oma mal mein Macbook gezeigt. Wie man damit Web-Seiten aufruft, wie sie damit meine E-Mails lesen, wie sie meine Fotos auf Flickr durchblättern könnte. Meine Oma kam mit der Tastatur nicht besonders gut zurecht, mit dem Trackpad gar nicht und mit der angeschlossenen Maus nur wenig besser. Ihre Reaktion: Bloß kein Computer! Ein paar Monate später habe ich meiner Oma Fotos auf dem iPhone gezeigt. Nach zwei Minuten Zugucken strich sie über den Bildschirm und blätterte selbst durch die Fotosammlung.

Oma verzweifelt am Trackpad und streichelt das iPhone

Mit einem iPad könnte sie sich anfreunden, glaube ich. Das Gerät ist sehr reduziert – kein Multitasking, keine aufwendige Bildbearbeitung. Lange Texte will ich damit nicht schreiben, schon gar nicht, wenn ich parallel mehrere Dokumente als Quellen einsehen muss. Meine Oma will so etwas aber nicht. Sie will meine Artikel im Netz lesen, E-Mails schreiben und vielleicht mal etwas im Französisch-Wörterbuch nachschlagen.
Dem ersten Eindruck nach taugt das iPad dafür besser als jedes Netbook. Erstens bedient man es per Fingerstreich auf den Monitor – und nicht indirekt mit Maus oder Tastatur. Wer seit Jahren Computer bedient, hat mit diesen Eingabegeräten zwar kein Problem. Meine Oma aber schon.

Immer online ohne Modem und Router

Zweitens ist die zumindest in den USA angekündigte Datenflatrate für das iPad eine echte Erleichterung: Wie sollte ich meiner Oma erklären, was ein W-Lan, was ein DSL-Modem ist, warum sich das Netbook einloggen muss und die Verbindung manchmal streikt und all das nur daheim funktioniert. Ein Gerät, das ohne Extras immer und überall online ist, versteht jeder. Surfen und Mailen ohne einen DSL-Anschluss bezahlen und installieren zu müssen – das ist für Gelegenheitsnutzer ein durchaus attraktives Angebot. Deshalb würde ich meiner Oma ein iPad schenken.

Ob Apple computerferne Kunden damit im Blick hat und erreichen kann, ist eine noch offene Frage. Aber die Erfolgschancen sind erheblich höher als bei den Netbooks, die seit Jahren als günstige Jedermann-Computer gelten. Der Charme des EeePC und aller Nachfolger war die Mischung aus günstigem Preis, kleiner Bauform und durch die Hardware vorgegebener Beschränkung auf Alltagsanwendungen. Allein: Echte Jedermann-Rechner sind Netbooks nicht. Sie sehen aus wie Klapp-Computer seit 20 Jahren aussehen, nur etwas kleiner. Und sie sind für computerferne Menschen so umständlich zu bedienen wie es Klapp-Rechner seit 20 Jahren sind.

Apple als Türsteher

Netbooks haben gezeigt, dass günstige, charmante und gar nicht so leistungsstarke Rechner extrem viel Zuspruch finden und neue Zielgruppen erschließen können. Ich kenne Netbook-Nutzer, die vorher gar keinen Computer hatten und mit dem schmalen Leistungsangebot ihres Netbooks völlig zufrieden sind.

Das iPad könnte ähnlich gut ankommen – vorausgesetzt, die Preise sind in Deutschland nicht viel höher als in den Vereinigten Staaten, vorausgesetzt, die Datenflatrate ist billig genug, um mit DSL-Anschlüssen zu konkurrieren.

Der Preis, den die iPad-Käufer dafür zahlen: Das Gerät ist nicht so offen wie ein Standard-PC oder Mac. Man kann nur Software von Apples Gnaden aus dem App Store installieren, Programme aus dem freien Web bleiben außen vor. Das wird dem Durchschnittsnutzer wohl nicht weh tun, Apple aber umso mehr nützen: Sollte das iPad tatsächlich ein Jedermann-Computer werden, ist Apple der Torwächter für alle Software-Programmierer, aber auch für Buchverlage, Musikanbieter, Medienhäuser und Filmstudios, die den iPad-Nutzern etwas verkaufen wollen.

Für mich ist das iPad deshalb nichts, meiner Oma schenke ich eins.

Zum Glück kann sie diesen Text noch nicht lesen.

Konrad Lischka, Spiegel Online, 28. Januar 2010. www.spiegel.de/netzwelt/gadgets/0,1518,674468,00.html [22.2.2010]

9 Fasse die Kernaussagen des Textes in eigenen Worten zusammen und erläutere dabei, warum dieses neue Gerät für Senioren besonders sinnvoll sein kann.

10 „Ältere Menschen müssen sich nicht mehr mit dem Computer herumschlagen. Für sie gibt es wichtigere Dinge, mit denen sie sich beschäftigen sollten." – Setze dich mit dieser Ansicht auseinander.

TIPP

In einer **textgebundenen Erörterung** setzt man sich argumentativ mit den Inhalten eines oder mehrerer Texte auseinander und **stützt bzw. entkräftet man vorliegende Meinungen bzw. Behauptungen.** Es ist sinnvoll, zunächst das dem Text zugrunde liegende Problem oder die Fragestellung zu erschließen, um zu überprüfen, ob eine lineare oder dialektische Form der Erörterung zu schreiben ist. Wenn die vorliegenden Informationen nicht ausreichen, sollte man zusätzliches Material im Internet recherchieren oder weitere Zeitungsartikel oder wissenschaftliche Erkenntnisse hinzuziehen.

REGEL

Bei der dialektischen Erörterung hast du zwei Möglichkeiten zur Gliederung:

A) B)

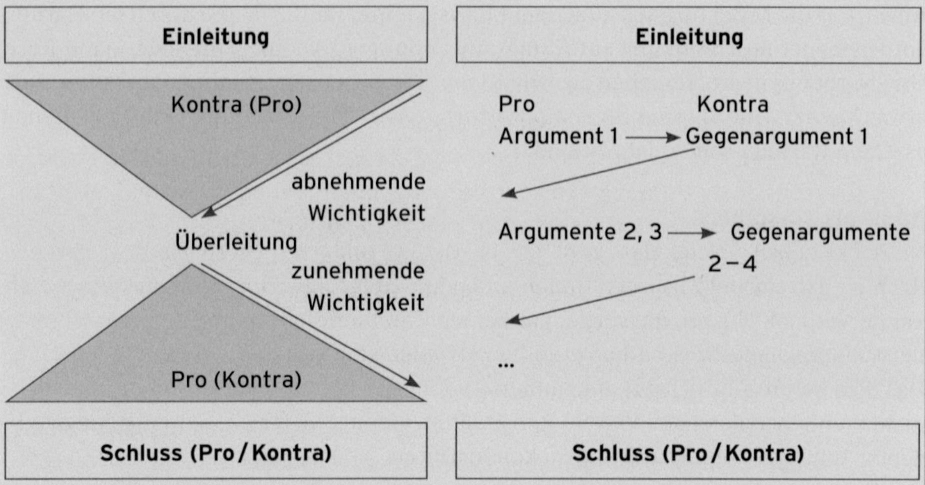

11 Nimm abschließend Stellung zu der Frage, ob ältere Menschen noch einen „Internet-Führerschein" machen sollten oder nicht.

....

....

....

....

....

....

....

....

....

....

....

....

....

....

....

Arbeitsschritte und -hilfen für gutes Argumentieren

REGEL

Was muss man bei der Inhaltsangabe beachten?

Die Grundlage für jede Texterörterung bildet die Inhaltsangabe, in der der vorgegebene Text auf etwa ein Drittel seines Umfangs zusammengefasst wird. Dabei muss man ein paar Dinge unbedingt beachten:

- Im Gegensatz zur Nacherzählung wird die ganze Inhaltsangabe im Präsens geschrieben; Vorgänge aus der Vergangenheit stehen im Perfekt, nicht im Imperfekt und schon gar nicht im Plusquamperfekt.
- Benutze nur die indirekte, nie die direkte Rede.
- Längere Zitate gehören nicht in die Inhaltsangabe, höchstens darf einmal ein Kurzzitat eingeflochten werden.
- Nach Möglichkeit müssen die Aussagen des Autors paraphrasiert, also in eigenen Worten wiedergegeben werden.
- Nur Wesentliches kommt in die Inhaltsangabe, Details und Beispiele bleiben draußen, Wiederholungen sind unbedingt zu vermeiden.
- Die Sprache ist nüchtern-sachlich und um äußerste Objektivität und Inhaltstreue bemüht.
- Bewertungen und eigene Meinungsäußerungen haben in der Inhaltsangabe nichts zu suchen!
- Die Inhaltsangabe ist logisch und nachvollziehbar aufgebaut. Ihre Reihenfolge muss nicht der Reihenfolge des Textes entsprechen.
- Auch die Inhaltsangabe wird in Einleitung, Hauptteil und Schluss gegliedert.
- Im Einleitungssatz (= Basissatz) werden der Titel und Autor, die Textsorte und die Quelle mit dem Erscheinungsdatum sowie die Kernthese des Textes genannt. Gegebenenfalls, vor allem bei Textbeschreibungen, denen ein Prosatext zugrunde liegt, werden auch noch der Ort, die Zeit und die Hauptpersonen der Handlung erwähnt.
- Den Schluss der Inhaltsangabe bildet meist eine Aussage über die vermutete Intention des Textes. Du musst da also kurz schreiben, welche Absicht der Autor mit dem Text verfolgt haben dürfte.

Beispiel für den einleitenden Basissatz: *Im vorliegenden Artikel „Darum kaufe ich Oma ein iPad (und mir keins)", der Ende Januar 2010 im Internet auf „Spiegel Online" erschienen ist, beschreibt Konrad Lischka, dass das neu herausgekommene Netbook der US-amerikanischen Firma Apple aufgrund seiner Benutzerfreundlichkeit gerade für ältere Menschen, die bislang wenig Erfahrung mit dem Computer gehabt haben, empfehlenswert ist.*

TIPP

Wie finde ich eine gute Einleitung?
„Aller Anfang ist schwer!" – Dieses alte Sprichwort gilt auch und besonders für das Schreiben einer Einleitung in einem Aufsatz. Sicher ist es dir schon einmal so gegangen: Du möchtest endlich mit der Reinschrift beginnen, aber es fehlt dir der passende Einstieg. Was tun?

- Suche nach einem aktuellen Bezug, der in das Thema hineinführt! Manchmal kann das eine persönliche Erfahrung sein, die allerdings verallgemeinerungsfähig sein muss.
- Überlege dir ein Beispiel aus der Vergangenheit, das in einem Bezug zum Thema steht.
- Falls dir gar nichts Passendes einfällt, springe gleich mitten in die Sache hinein und beginne mit der Kernthese des Textes, den du erörtern sollst.
- Wenn es trotz alledem mit der Einleitung nicht klappen will, ist es besser, etwa eine halbe Seite Platz zu lassen und gleich mit dem Hauptteil zu beginnen. Die Einleitung schreibst du dann erst am Schluss, wenn du sonst alles fertiggestellt hast. Manchmal sind auf diese Weise schon wirklich gute Einleitungen zustande gekommen, was auch nicht so verwunderlich ist, da man ja am Ende weiß, was man alles geschrieben hat.

PS: Am Ende der Einleitung solltest du auf jeden Fall das Thema der Erörterung noch einmal formulieren! Dies ist dann zugleich eine ideale Überleitung für den Hauptteil.

12 Schreibe nun zur Übung Basissätze zu folgenden Texten:

a) „Geiz ist geil" (S. 79 f.)

....

....

....

b) „Zu Hause" von Marie Luise Kaschnitz (S. 57)

....

....

....

....

TIPP

Was gehört in einen guten Schluss?

Wenn du endlich den Hauptteil abgeschlossen hast, würdest du vielleicht am liebsten gleich abgeben und aus dem Klassenzimmer gehen, um dich von all dem Stress, der mit einer Klausur verbunden ist, zu erholen. So verständlich das sein mag, gedulde dich doch bitte noch etwas und runde deine Arbeit erst einmal richtig ab! Zu einer guten Arbeit gehört nämlich auch ein gelungener Schluss. Hierfür gibt es mehrere sinnvolle Möglichkeiten:

- Schreibe eine Art Resümee, in dem du die wichtigsten Ergebnisse deiner Argumentation noch einmal in einem Gesamturteil zusammenfasst.
- Falls in der Aufgabenstellung eine persönliche Stellungnahme gefordert wird, ist der Schluss damit schon vorgegeben. Achte aber darauf, dass sich deine Meinung möglichst schlüssig aus deiner Argumentation ergibt und somit sachlich begründet ist.
- Den Schluss können auch allgemeine Betrachtungen zu der zentralen Fragestellung bilden, die erörtert werden musste. Vielleicht kannst du eine Konsequenz oder eine neue Problemstellung andeuten, die sich aus deinen Ausführungen ergibt.

13 Versuche nun, passende Schlusssätze zu den in Aufgabe 12 genannten Texten zu schreiben!

TIPP

Einleitung und Schluss miteinander verbinden

Besonders elegant ist es, wenn du am Schluss deines Aufsatzes auf die Einleitung zurückkommst und das Beispiel, das du dort genannt hast, noch einmal aufgreifst. Diese Methode, die Anfang und Ende eines Artikels miteinander verknüpft, findet man in sehr vielen Zeitungsartikeln. Achte darauf, wie oft dieser Kunstgriff benutzt wird. Und dann probiere es doch selbst einmal aus, wie es ist, Einleitung und Schluss aufeinander zu beziehen.

Im folgenden Beispiel siehst du, wie man diese Technik anwenden kann. Ein Zeitungsartikel über das nur mäßig interessante Thema „Lebensmitteldosen" leitete der Journalist folgendermaßen ein: *„Es gibt Lebenslagen, da entwickelt eine Dose mit essbarem Inhalt einen unwiderstehlichen Charme. Zum Beispiel abends beim Lagerfeuer auf einem wildromantischen Zeltplatz."*

Danach erörtert der Autor ausführlich die Vor- und Nachteile von Konservendosen, die er insgesamt eher ablehnt. Seinen Artikel beschließt er mit folgender Einschätzung: *„Auf komplette Fertiggerichte aus der Dose sollte man daher verzichten. Außer man befindet sich gerade auf einem wildromantischen Zeltplatz."*

Zwischentest

Klasse vorbereitet?

1 Beschreibe das Wesen einer dialektischen Erörterung. 3

2 Welche Möglichkeiten gibt es, den Schluss einer Erörterung zu gestalten? 3

3 Texterörterung 10

a) Gib den Inhalt des Textes wieder.
c) Erörtere die angesprochene Thematik.
c) Nimm Stellung dazu.

Ohnmächtige Eltern

Die Äußerung eines 17-jährigen Schülers kann als typisch gelten: „Ich bin alt genug, um zu wissen, was ich zu tun habe. Ich höre mir den Rat meiner Eltern an, aber ich befolge ihn nur, wenn es mir passt." Und ein anderer sagt, ebenso typisch: „Mit einem Kumpel möchte ich ein Zimmer mieten, am liebsten eine Mansarde, weil das poetischer ist. Das wäre die Verwirklichung meines größten Traums. Ich müsste nicht mehr stundenlang mit meiner Mutter verhandeln, um eine Stunde wegbleiben zu können. Niemand würde mehr zu mir sagen: „Weißt du, wie spät es ist?" Oder: „Das ist das letzte Mal, dass du ausgehst!"
Die Eltern müssen es oft hinnehmen, dass die Jugendlichen sie behandeln, wie die Angestellten in einem Hotel. Sie nörgeln am Essen herum, erwarten, dass ihr Zimmer gesäubert wird und die Flickenjeans gewaschen sind und dass das Taschengeld pünktlich ausgezahlt wird, ansonsten wollen sie in Ruhe gelassen werden und ihre Freiheit haben.
Was alleine zählt, sind die Gleichaltrigen, die „peer group". An ihr orientieren sie sich, von ihr beziehen sie ihre Maßstäbe, bei ihr suchen sie Zuflucht.

Aus: Familie und Schule, aus der Reihe „Politik und Unterricht". Landeszentrale für politische Bildung Baden-Württemberg. Heft 1/1981, S. 3

4 Welche Fehler sollte man in einer Inhaltsangabe nicht machen? 6

Gesamtpunktzahl 22

Kontrolliere deine Ergebnisse mithilfe der Lösungen (S. 124) und addiere die erreichten Punkte.
☐ 22 bis 18 Punkte: ☺ ☐ 17 bis 11 Punkte: 😐 ☐ 10 bis 0 Punkte: ☹

Lernplaner

Weitere Aufgabenformen

Vorschau
- → Protokolle
- → Bewerbungsschreiben
- → Referat/Präsentation
- → Produktives Schreiben

In diesem Kapitel lernst du einiges über weitere Aufgabenformen, die im Deutschunterricht der 10. Klasse geübt werden sollten, nicht zuletzt, weil sie im späteren Arbeits- und Berufsleben für dich sehr wichtig sein werden.

Dies gilt besonders für das **Bewerbungsschreiben**, das du vermutlich schon in der 10. Klasse brauchen wirst, wenn du dich um eine Lehrstelle bewerben willst. Dafür wirst du zudem einen **Lebenslauf** anfertigen müssen. Auch **Protokolle** wirst du mit einiger Sicherheit später einmal schreiben müssen, sei es, dass du einen Vorgang protokollieren musst, sei es, dass du ein Gesprächsergebnis schriftlich festhalten willst.

Auch **Vorträge** und **Präsentationen** werden in vielen Berufen immer wichtiger. Die hierfür grundlegende Arbeitstechnik des Referatehaltens lernst du deshalb in diesem Kapitel ebenso kennen wie das schriftliches Pendant, die **Hausarbeit**.

Last but not least sollst du hier noch mit der Technik des sogenannten **produktiven Schreibens** vertraut gemacht werden. Diese ebenso als „kreatives Schreiben" bezeichnete Aufgabenart ist inzwischen auch eine der Aufsatzformen in der schriftlichen Abschlussprüfung.

Protokolle

Überall in der Arbeitswelt müssen Vorgänge und Ergebnisse schriftlich niedergelegt und festgehalten werden. Dabei unterscheidet man vor allem zwei verschiedene Protokollformen: das Verlaufsprotokoll, in dem der gesamte Ablauf eines Vorgangs zusammengefasst wird, und das Ergebnisprotokoll, bei dem, wie der Name schon sagt, nur die wesentlichen Ergebnisse und Beschlüsse z. B. einer Sitzung oder eines Gesprächs notiert werden.

REGEL

Ein **Verlaufsprotokoll** schreibt man dann, wenn man genau über den **Ablauf eines Geschehens** berichten will. Dies kann z. B. der Verlauf eines Experimentes, aber auch die Wiedergabe einer Diskussion sein. Das Protokoll dient somit als Gedächtnisstütze.

Während des Geschehens muss der Protokollführer sich bereits Stichpunkte für das spätere Protokoll notieren:
- Das Protokoll beginnt mit dem **Protokollkopf:** Anlass der Veranstaltung, Zeit (Datum, Beginn, Ende), Ort (Raum), Teilnehmerinnen und Teilnehmer, evtl. Abwesende, Name des Protokollführers, Tagesordnungspunkte (TOPs). Unter dem TOP „Verschiedenes" wird all das angesprochen, was kurz abzuhandeln ist und keiner Abstimmung bedarf.
- Äußerungen der Sprecher werden stichpunktartig notiert. Dabei beschränkt man sich auf wichtige Angaben.
- Um möglichst schnell notieren zu können, ist es sinnvoll, bei der Mitschrift Abkürzungen oder Symbole (beispielsweise für Namen nur den Anfangsbuchstaben) zu verwenden.

Bei der anschließenden **Niederschrift** des Protokolls musst du Folgendes beachten:
- Überarbeite die Notizen: Streiche Unwichtiges bzw. Wiederholungen und fasse die Redebeiträge zusammen.
- Schreibe im **Präsens.**
- Verwende die **indirekte Rede**, um Redebeiträge wiederzugeben (vgl. S. 33/34).

1 Überlege, wie ein Verlaufsprotokoll zur Wiedergabe des folgenden Gesprächs auszusehen hätte und warum hier – wie oft – ein Ergebnisprotokoll sinnvoller ist.

Frau Dierksen: Lasst uns die erste Stunde nutzen, um die Einzelheiten der Berlinfahrt zu besprechen. Marion, hältst du alles Wichtige bitte im Protokoll fest? So ist auch Carmen informiert, wenn sie wieder gesund ist. Zunächst für alle noch einmal die Daten: Wir fahren am Montag, den 7. Juni pünktlich – und wenn ich sage pünktlich, dann meine ich das auch so – um 7.00 Uhr los. Am Mittwoch, den 9. Juni müssten wir gegen 22.00 Uhr wieder hier sein.
André: Wo treffen wir uns denn genau?
Frau Dierksen: Auf dem Schulparkplatz an der Holtwicker Straße. Dort kann der Bus am besten ein- und ausladen.
Alesja: Mich interessiert vor allem das Programm. Wann gehen wir denn in die Disco? Und wann müssen wir auf unseren Zimmern sein?
Frau Dierksen: Mal langsam, so weit sind wir noch nicht. Zunächst ein paar Informationen zur Unterkunft. Wie ich euch schon gesagt habe, wohnen wir in einem einfachen Hotel, und zwar in dem Hotel Berolina in Berlin-Charlottenburg, Stuttgarter Platz 17. Dort gibt es strikte Verhaltensmaßregeln: Jeder zahlt eine Kaution von 25 €, die ihr zurückbekommt, wenn ihr euch tadellos verhalten habt. Das heißt, jeglicher Lärm ist verboten. Die Anwohner dort sind mittlerweile durch den ständigen Lärm der Gäste so genervt, dass sie ohne zu zögern das Ordnungsamt rufen. Daher müsst ihr wirklich Zimmerlautstärke einhalten und auf Musik verzichten.
Moritz: Das ist doch wieder mal typisch! Da fahren wir einmal auf Klassenfahrt, und erlaubt wird uns nichts.

Marion: Mensch Moritz, wir sind doch sowieso den ganzen Tag unterwegs und nutzen unsere Zimmer nur zum Schlafen.
Frau Dierksen: Richtig, Marion. Noch etwas: Die Mädchen werden Vier-Bett-Zimmer bewohnen, für die Jungen sind zwei Fünf-Bett-Zimmer und ein Drei-Bett-Zimmer vorgesehen.
Alesja: Wie sieht denn jetzt unser Programm aus? Dazu wollten Sie doch auch noch etwas sagen.
Frau Dierksen: Nun, wir haben zwei feste Programmpunkte, und zwar werden wir am Montagnachmittag eine Stadtführung zu Fuß vom Brandenburger Tor aus unternehmen. Am Mittwochmorgen besuchen wir den Reichstag. Dort habt ihr Gelegenheit, im Plenarsaal zu sitzen und etwas über den Bundestag zu erfahren. Anschließend werden wir auf die Kuppel steigen und die Aussicht genießen. Ihr seht, euch steht noch viel freie Zeit zur Verfügung. Im Vorfeld habt ihr ja schon eure Wünsche für Berlin geäußert. Einige möchten demzufolge zum Olympia-Stadion fahren, andere ins Sony-Center gehen. Ihr habt alle während der drei Tage Fahrkarten zur Verfügung, mit denen ihr die U-Bahn, die S-Bahn und den Bus nehmen könnt.
Alesja: Das heißt, wir können uns auch alleine in Berlin bewegen.
Frau Dierksen: Nicht ganz, Alesja. Ihr müsst mindestens zu dritt sein und euch bei mir oder den anderen Lehrern abmelden, damit wir wissen, was ihr vorhabt.
David: Das hört sich ja gar nicht so schlecht an. Hauptsache, wir können Berlin auch auf eigene Faust erkunden.
Frau Dierksen: Zum Schluss noch einige Hinweise: Ihr erhaltet alle einen Stadtplan, mit dem ihr euch in Berlin orientieren könnt. Ich lasse jetzt eine Liste herumgehen, in die ihr bitte eure Handy-Nummern eintragt, falls ihr eines habt und dieses auch mitnehmt. Solltet ihr in Kleingruppen unterwegs sein, seid ihr so für uns Lehrer im Bedarfsfall schnell zu erreichen. Denkt auch an eure Krankenkassenkarte. Gibt es noch Fragen?
Marion: Ich glaube, wir haben alles geklärt. Ich bin schon ganz kribbelig, wenn ich an die Fahrt denke. Es wird bestimmt richtig gut. (Ende 8.45 Uhr)

REGEL

Im Vergleich zum Verlaufsprotokoll hält das **Ergebnisprotokoll** ausschließlich **Beschlüsse** und **Ergebnisse** einer Besprechung fest. Personen werden nur im Protokollkopf oder im Zusammenhang mit Beschlüssen (z. B. Wahlen) genannt. Der Protokollführer sollte schon bei seinen Notizen darauf achten, Unwichtiges nicht mit aufzunehmen. Auch das Ergebnisprotokoll beginnt mit dem Protokollkopf: Anlass der Veranstaltung, Zeit (Datum, Beginn, Ende), Ort (Raum), Teilnehmerinnen und Teilnehmer, evtl. Abwesende, Name des Protokollführers, Tagesordnungspunkte (TOPs). Ein Ergebnisprotokoll wird im **Präsens** geschrieben.

2 Schreibe das Ergebnisprotokoll der unter Aufgabe 1 abgedruckten Besprechung der kommenden Berlinfahrt der Klasse 10b, die am 23.5.2010 um 8.00 Uhr stattfand. Beachte die in der Regel enthaltenen Hinweise.

Bewerbungsschreiben

Spätestens, wenn du dich um eine Lehrstelle bewerben willst, wirst du nicht darum herumkommen, ein Bewerbungsschreiben zu verfassen. Von der Qualität solcher Schreiben hängt heutzutage eine Menge ab, vielleicht sogar, ob du die Stelle bekommst oder nicht. Das soll nicht heißen, dass das Bewerbungsschreiben allein ausschlaggebend ist, aber es fungiert fast immer als Türöffner: Wenn es gelungen ist, wird man dich auf jeden Fall in die engere Wahl ziehen – und wenn es enttäuscht, kann es sein, dass sich die Türe zu der erhofften Stelle gar nicht erst öffnet.
Du siehst also, dass es sich lohnt, das Bewerbungsschreiben sorgfältig aufzusetzen und dafür die üblichen Konventionen zu beachten. Am besten fügst du dann noch etwas Originelles/Pfiffiges/Einzigartiges hinzu, etwas, was dich auszeichnet, und das für die Firma, bei der du dich bewirbst, interessant sein könnte.

REGEL

Ein **Bewerbungsschreiben** ist Werbung in eigener Sache. Du solltest darin also erläutern, warum du dich für geeignet hältst. Einen guten Eindruck machst du, wenn du kurz begründest, warum du gerade in diesem Unternehmen arbeiten möchtest. Dazu musst du dich natürlich über das Unternehmen informiert haben. Du zeigst damit, dass du dich wirklich für die Firma interessierst. Die Blatteinteilung deines Schreibens ist ebenfalls wichtig. Du musst Absätze einfügen und den Text übersichtlich gestalten. Du solltest dich zudem höflich äußern, ohne dabei unterwürfig zu klingen. Wähle Formulierungen wie: *Sehr geehrte Damen und Herren, Mit freundlichen Grüßen.* Verzichte auf zu vertrauliche Formulierungen *(Lieber Herr ...)* und auf altmodische Wendungen *(Hochachtungsvoll ...).*

Was du für eine **gute Bewerbung** noch beachten solltest:
- Steht eine Telefonnummer in der Anzeige, kannst du gerne Fragen stellen, die du vor der Bewerbung klären willst.
- Gib dir Mühe bei der Auswahl des professionellen Fotos.
- Kaufe im Schreibwarenladen eine „Bewerbungsmappe" für deine Papiere.
- Beachte den Termin: Auch wenn kein Einsendeschluss genannt ist, sollte deine Bewerbung spätestens zwei Wochen nach Erscheinen der Anzeige eintreffen.
- Wenn du zwei Wochen nach Einsendung nichts gehört hast: Rufe an und frage nach!

Wenn du eine Einladung zum **Vorstellungsgespräch** bekommst:
- Überlege dir Fragen, die im Gespräch dein Interesse (deine Vorkenntnisse) zeigen.
- Überlege dir vorher, was du auf die beiden Standardfragen antwortest: *„Was haben Sie bisher gemacht?"* und *„Warum möchten Sie diese Ausbildung bei uns anfangen?"*
- Ziehe dich ordentlich an, sei pünktlich und gehe ausgeruht in das Gespräch.

3 **Schreibe deine eigene Bewerbung, möglichst für eine Stelle, die dich tatsächlich interessiert! Orientiere dich dabei an der hier abgedruckten Bewerbung.**

Daniel Kleine-Gehldorf
Drostenweg 5
48727 Billerbeck
Tel.: 0 25 43/1 87 90
Daniel@tell.de

Billerbeck, 21. Januar 2010

Firma
J. W. Odendahl GmbH & Co.KG
Herrn Christian Fuhrmann
Sendener Str. 2

48653 Coesfeld

Bewerbung um einen Ausbildungsplatz als Chemielaborant
Ihr Inserat im Billerbecker Anzeiger vom 19. Januar 2010

Sehr geehrter Herr Fuhrmann,

mit großem Interesse habe ich Ihr Inserat im Billerbecker Anzeiger gelesen und bewerbe mich um den von Ihnen angebotenen Ausbildungsplatz zum Chemielaboranten.

Zurzeit besuche ich die Jeannette-Wolff-Realschule in Coesfeld, die ich voraussichtlich im Juni 2010 mit der Fachoberschulreife verlassen werde.

Nach meinem Praktikum bei der Firma Violetta, ebenfalls einem Chemie-Unternehmen, hat sich mein Interesse an dem Berufsbild des Chemielaboranten weiter gefestigt. Ich bin der Überzeugung, dass ich für den Beruf gut geeignet bin, da ich mich bereits in der Schule sehr für die Naturwissenschaften, besonders für das Fach Chemie, interessiert habe und darin gut benotet worden bin. Die Firma Odendahl ist ein Traditionsbetrieb, der seit über hundert Jahren einen sehr guten Ruf in Coesfeld hat. Mit Ihren hochwertigen Kunststoffprodukten sind Sie aber auch international bekannt und erfolgreich. Ich weiß, dass Sie ein modernes Unternehmen sind, das innovative Projekte verfolgt und regelmäßig Auszubildende einstellt. Über die Einladung zu einem persönlichen Vorstellungsgespräch würde ich mich sehr freuen.

Mit freundlichen Grüßen

Daniel Kleine-Gehldorf

Anlagen:
Lebenslauf mit Foto
Kopien der letzten Zeugnisse
Praktikumsbeurteilung

Lebenslauf

Zum Bewerbungsschreiben gehört in der Regel auch der eigene Lebenslauf, in dem die wichtigsten individuellen Daten und Informationen aufgelistet sind. Heute wird ein Lebenslauf fast immer tabellarisch erstellt.

Natürlich möchtest du auch mit dem Lebenslauf einen möglichst guten Eindruck beim Empfänger machen! Fasse dich kurz, hebe dabei deine Kenntnisse und Fähigkeiten zurückhaltend, jedoch unübersehbar hervor.

REGEL

Allgemeine Gesichtspunkte für den Lebenslauf im deutschen Sprachraum (in anderen Ländern gelten auch hier andere Sitten!);
- **Überschrift: Lebenslauf**
- **Chronologische Ordnung der Daten, wobei gewöhnlich das älteste Datum oben steht**
- **Linksbündige Schreibweise in tabellarischer Form**
- **Links oben: Persönliche Daten (Adresse inkl. E-Mail; Geburtsdatum und Geburtsort; Nationalität; Namen und Berufe der Eltern; Geschwister)**
- **Rechts oben: Bewerbungsfoto**
- **Bildung und Schullaufbahn: Besuchte Schulen; Schwerpunkt- und Neigungsfächer, Arbeitsgemeinschaften usw.**
- **Voraussichtlicher Schulabschluss mit Datum**
- **Betriebspraktika, Besuch von Lehrgängen**
- **Ggf. besondere Kenntnisse, Fähigkeiten, Sprachkenntnisse**
- **Persönliche Interessen und Hobbys**
- **Links unten: Ort, Datum und eigenhändige Unterschrift**

TIPP

Wie man sich zu bewerben hat – und wie der Lebenslauf auszusehen hat, das unterliegt seit wenigen Jahren einem deutlichen Wandel. Zum einen tritt die Online-Bewerbung neben die bisherigen Formen der Bewerbung. Zum anderen gibt es immer mehr international tätige Firmen, die auch von einem deutschen Bewerber eine englischsprachige Bewerbung verlangen. Dies allerdings nicht unbedingt von einem Berufseinsteiger.
Im englischsprachigen Ausland ist es nicht erwünscht, Informationen zur familiären Situation, dem Alter, der Religion oder des Geburtsorts anzugeben, um Diskriminierungsmöglichkeiten auszuschließen.
Informiere dich gegebenenfalls im Internet, falls du dich etwa für einen Praktikumsplatz im Ausland bewerben willst, wie deine Unterlagen auszusehen haben.

Porträtaufnahme
(möglichst vom Fotostudio)

Lebenslauf

Persönliche Daten

Name:	Cornelia Neumann
Anschrift:	Erle 27 46348 Raesfeld Tel. 0 28 65/8 78 78 Neuco@planetopia.de
Geburtsdatum:	30. Juni 1995
Geburtsort:	Wattenscheid
Eltern:	Karl-Heinz Neumann, Verwaltungsrat Elsbeth Neumann, geb. Grabosch, Steuerfachangestellte Geschwister: eine ältere Schwester

mindestens
20 mm Lochrand

Schulbildung

2001–2005	Barkenberg-Grundschule in Wulfen
seit 2006	Anne-Frank-Realschule in Raesfeld
Neigungsfächer:	Deutsch, Sport, Geschichte
Schulabschluss:	Fachoberschulreife voraussichtlich im Juni 2010
Betriebspraktikum:	Fitness-Studio Fit for fun, Borken (3 Wochen im Herbst 2009)

Persönliche Interessen

Kenntnisse:	VHS-Kurs 10-Finger-Tastschreiben, Sprachen: Englisch, Französisch, Italienisch Erfahrung mit Textverarbeitung und PowerPoint
Hobbys:	Mitglied bei den Cheerleadern und dem Deutschen Roten Kreuz (Jugendgruppe)

Raesfeld, 12. November 2009

Cornelia Neumann

persönliche Unterschrift

4 **Unterstreiche im folgenden Gespräch alle Daten, die in einen Lebenslauf gehören.**

Katharina möchte ein freiwilliges Praktikum in einem Gartencenter machen, um ihre Chancen auf eine Ausbildungsstelle zu erhöhen. In einem ersten Gespräch mit dem Leiter des Gartencenters erzählt sie Folgendes über sich:

„Danke, Herr Moubis, dass Sie sich Zeit für mich nehmen. Mein Name ist Katharina Neuber und ich bin 15 Jahre alt. Sie wollen wissen, was ich in meiner Freizeit unternehme? Nun, ich bin sehr kontaktfreudig und gerne mit Freunden unterwegs. Dabei habe ich einen bunt gemischten Freundeskreis: Einige meiner engsten Freunde sind mit mir im Computerclub, Annika, meine beste Freundin, spielt mit mir Basketball. Sie kenne ich bereits seit meiner Einschulung in die Grundschule an der Waldstraße in Coesfeld. Meine Güte, das war ja bereits 2001! Auch neue Bekanntschaften schließe ich schnell. Dabei achte ich aber darauf, dass wir gut zusammenpassen. Klara zum Beispiel habe ich an der Volkshochschule kennengelernt. Wir beide haben dort einen Kurs im 10-Finger-Tastschreiben belegt. Zufällig haben wir beide am gleichen Tag Geburtstag, nämlich am 12. September 1995. Geboren und aufgewachsen bin ich hier in Coesfeld. Meine Mutter ist eine sehr selbstbewusste Frau. Mein Vater konnte sie partout nicht dazu überreden, bei ihrer Heirat seinen Namen anzunehmen. Also heißt mein Vater Georg Fischer, während meine Mutter und ich den gleichen Nachnamen führen. Nur ihr Vorname gefällt mir besser. Sie heißt nämlich Marie. Auch wenn mein Vater am liebsten jede freie Minute an seinem Auto herumbastelt, ist er dennoch nicht Kfz-Mechaniker, sondern Bankkaufmann. Meine Mutter ist Rechtsanwältin. Mein älterer Bruder hat einmal gesagt, dass unsere Mutter auch zu Hause von ihrem Beruf nicht loskommt. Auch da hätte sie immer recht. Sie fragen, ob ich bereits ein Praktikum gemacht habe. An der Jeanette-Wolff-Realschule hier in Coesfeld wird in der 9. Klasse immer ein Betriebspraktikum durchgeführt. Daher war ich vor den Sommerferien drei Wochen bei der Spedition Sander. Meine Lieblingsfächer Mathematik und Englisch konnte ich dort gut anwenden. Obwohl mir der Einblick in den Beruf der Bürokauffrau gefallen hat, denke ich, dass mir ein kreativer Beruf, wie der der Floristin, eher liegt. Nach meiner Fachoberschulreife am Ende dieses Schuljahres, das heißt im Juni, möchte ich gerne eine Ausbildungsstelle als Floristin antreten. Deshalb möchte ich jetzt zuvor bei Ihnen ein Praktikum absolvieren. Ich lasse Ihnen gerne meine Adresse hier. Ich wohne nicht weit entfernt von Ihrem Gartencenter, nämlich in der Dimker Allee 126. Die Postleitzahl von Coesfeld kennen Sie ja, nicht wahr? Es ist die 48653. Falls Sie mich unter unserer Telefonnummer, der 02541/22143 nicht erreichen sollten, so können Sie mir auch eine E-Mail schicken. Meine Mail-Adresse lautet: Kathi@planet.de.
Vielen Dank, dass ich mich Ihnen vorstellen durfte.“

Referat und Hausarbeit

REGEL

Referate und Facharbeiten gehören nicht nur zum Schulalltag, sondern sind auch Bestandteile aller späteren Ausbildungsgänge und vieler Berufsbilder: Dabei geht es stets darum, ein vorgegebenes oder ein selbst gewähltes Thema zu bearbeiten und es mündlich in einem Vortrag zu präsentieren. Oft muss das Thema auch noch schriftlich als „Facharbeit" vorgelegt werden.
Manchmal werden auch nur schriftliche Hausarbeiten verlangt, bei der auf den mündlichen Vortrag verzichtet wird.
Egal, ob es sich nun um ein mündliches oder ein schriftliches Referat handelt – stets kannst du mit der gleichen Methode vorgehen. Zunächst ist es ganz wichtig, dass du das Thema eindeutig formulierst und es möglichst stark eingrenzt. Denn oft sind die Themen zu allgemein gefasst, und es ist besser, einen Einzelaspekt herauszugreifen und dann genauer zu untersuchen.
Anstatt beispielsweise ein allgemeines Referat über Erich Kästner zu halten, könnte es sinnvoller sein, das Thema auf „Erich Kästner, der Satiriker" zu begrenzen und dies anhand des Gedichts „Die Entwicklung der Menschheit" (siehe S. 54/55) zu veranschaulichen.

Beispiel für einen Arbeitsplan am Beispiel „Max Frisch"

A) Um dir einen Überblick über dein **eigenes Vorwissen** zu verschaffen, erstelle zuerst ein Cluster oder eine Mindmap, z. B.:

Max Frisch

Lebenslauf:
1911 geboren
Germanistik studiert
...

Thematik:
Zwiespältigkeit und Zerrissenheit der menschlichen Existenz ...

Werke:
Stiller (Roman), 1954
Herr Biedermann und die Brandstifter (Hörspiel), 1956 ...

Beziehung zu Frauen:
Beispiel Homo faber (Ivy, Sabeth, Hanna) ...

B) In einem zweiten Schritt solltest du deine **Informationsrecherche** planen. Dazu kannst du dich an den folgenden Fragen orientieren:

Was will/soll ich noch wissen/berücksichtigen?	Was interessiert meine Zuhörer besonders?	Wo finde ich Informationen zu den Einzelthemen?
– Beziehung zu Frauen (Schwerpunkt) – wichtigste Werke/Textarten – Entwicklung in seinem Werk ...	– interessante Textpassagen als Beispiele ...	– Stadtbücherei – Lexikon meiner Eltern – Verfilmungen – Internet (Stichworte: Homo Faber ...) ...

C) Nun begibst du dich auf **Materialrecherche**:
- Leihbüchereien verfügen über Kataloge, die in Dateiform systematisch geordnet allen Besuchern zugänglich sind. Du gibst Stichworte, Autoren, Titel ein und erhältst eine Fülle von Angaben über Bücher, Zeitungen und Zeitschriften, Videos und CD-ROMs. In Freihandbibliotheken kannst du nun stöbern und beim ersten Schmökern das Material heraussuchen, das du später benötigen könntest.
- Weitere Literaturtipps erhältst du außerdem in den Bibliografien der einzelnen Bücher, die zumeist im Anhang genannt werden.
- Bei der Recherche im Internet helfen dir sogenannte Suchmaschinen weiter. Auch hier gibst du Stichworte, oder besser: Stichwortkombinationen ein. Du erhältst zumeist eine Vielzahl von Einträgen zu deinem Thema. Achte beim Ausdrucken darauf, dass die Artikel, Aufsätze oder wissenschaftlichen Arbeiten sich auf dein Thema beziehen und dass die genaue Internet-Adresse vermerkt ist.
- Ebenso kannst du in Buchhandlungen, bei Zeitungs- und Zeitschriftenverlagen, Institutionen, Firmen oder öffentlichen Einrichtungen recherchieren. Oftmals ist es ebenso wichtig, Aussagen oder Interviews von Personen einzuholen.

D) Als nächsten Schritt musst du dein **Material auswerten**. Dabei nutzt du die dir bekannten Methoden der Texterschließung: Schlüsselwörter markieren, unbekannte Begriffe klären, Wichtiges unterstreichen, Sinnabschnitte bilden und mit Zwischenüberschriften versehen. Bei dieser Arbeit solltest du Zitate, die du als Belege verwenden willst, farbig markieren oder auf Karteikarten herausschreiben; vermerke auch die Quelle. Literatur, die nicht geeignet ist, solltest du gleich beiseite legen, um nicht den Überblick zu verlieren.

E) Nun erstellst du eine **Gliederung**: Die Einzelthemen ordnest du nach Ober- und Unterthemen an. Dabei solltest du vom Allgemeinen ins Detaillierte strukturieren, z. B.

Das Frauenbild in den Romanen von Max Frisch

A) Inhaltsverzeichnis

1. Einleitung/Vorwort
2. Zum Leben Max Frischs
2.1 Lebenslauf
2.2 Beruflicher Werdegang
2.3 Wesentliche Werke
...

B) Literaturverzeichnis

C) Anhang

F) Bei der **Formulierung eines schriftlichen Referats** solltest du darauf achten, dass deine Ausführungen jeweils zum Unterthema passen, dass du Zitate richtig kennzeichnest und dass du Worterklärungen, Quellenangaben o. Ä. in Fußnoten ergänzt, um den Text besser lesbar zu halten.

G) Zur **Vorbereitung eines Vortrags** notierst du dir die wesentlichen Stichpunkte geordnet nach Einzelthemen auf Karteikarten, damit du frei vortragen kannst. Du überlegst dir eine Einleitung, mit der du das Interesse der Zuhörer weckst und in der du dein Thema vorstellst. Auch den Schluss solltest du dir vorher überlegen: Wesentliches betonen, Fazit nennen. Stelle dich darauf ein, dass deine Zuhörer abschließend noch

Fragen stellen möchten, und plane dafür Zeit ein. Ganz wichtig ist es, den Vortrag abwechslungsreich und verständlich zu gestalten, damit dir deine Zuhörer folgen und sich möglichst viel merken können. Als Präsentationsmedien wählst du zwischen Folie und Overheadprojektor, Tafel, Wandzeitung, Diaprojektor, Plakat, Video-Beamer etc. Gut vorbereitet wirkt dein Vortrag, wenn die Zuhörer ein Thesenpapier (Handout) erhalten, auf dem das Wesentliche zusammengefasst wird. So können alle zuhören, und keiner muss mitschreiben.

TIPP

8 Tipps für das Halten von Referaten:

1. Groß geschriebenes Redemanuskript erstellen, damit du auch aus etwas größerer Entfernung schnell „spicken" kannst.
2. Im Redemanuskript stehen nur wichtige Stichworte und Gliederungspunkte.
3. Möglichst nicht ablesen, sondern frei sprechen und Blickkontakt halten.
4. Die Zuhörer direkt ansprechen: „Wusstet ihr schon, dass ...?"
5. Fachbegriffe und unbekannte Fremdwörter erklären.
6. Besonders Interessantes und gut Formuliertes zitieren, aber nur kurze Passagen.
7. Keine langen Schachtelsätze, sondern vor allem Hauptsätze.
8. Nicht zu viele Fakten, sondern auch Gefühl und Willen ansprechen. Deshalb Anekdoten, Beispiele und Amüsantes nicht vergessen.

5 Stell dir vor, du hast im Deutschunterricht ein Referat zur Frage übernommen, ob es sinnvoll ist, dass ältere Menschen noch lernen, mit Computer und Internet umzugehen. Wie gehst du nun vor? Wo suchst du nach Material und Informationen? Welche Arbeitstechniken aus dem Kapitel „Argumentieren und Erörtern" kannst du gebrauchen? Wie könntest du den Artikel über das „Apple-Tablet" (siehe S. 65/66) in dein Referat integrieren?

6 Wähle dir als Thema für ein Referat einen bekannten Dichter oder Schriftsteller (bzw. eine Dichterin). Suche dann in verschiedenen Quellen nach Informationen über sein/ihr Leben und die wichtigsten Werke. Mache danach ein Stichwortkonzept und fertige anschließend ein Redemanuskript an, das eine Gliederung mit Einleitung und Schluss enthält.

7 Du sollst ein Referat über „Die Physiker" von Friedrich Dürrenmatt halten. Informiere dich kurz über den Inhalt dieses Theaterstücks und überlege dir dann eine passende Einleitung. Welche Möglichkeiten siehst du?

Produktives Schreiben

Das produktive Schreiben ist eine noch recht junge Aufgabenform, die trotzdem inzwischen bei fast allen Abschlussprüfungen in Deutsch mit dabei ist. Manchen Schülerinnen und Schülern macht dieser Aufgabentypus sogar besonderen Spaß, da hier Fantasie und Kreativität ausdrücklich erwünscht sind. Allerdings bedeutet dies nicht, dass man ganz frei und ohne Regeln nach Lust und Laune schreiben darf.

Beispielsweise geht es beim „produktiven Umgang mit Texten" darum, im Anschluss an eine vorher im Unterricht behandelte Lektüre einen eigenen Aufsatz zu schreiben. Dabei muss man die Lektüre genau kennen, weil die wesentlichen Personen und Inhalte der Lektüre den Ausgangspunkt des Aufsatzes bilden. Du musst dich unbedingt an diese Vorgaben halten und darfst nichts erfinden, was nicht in den Rahmen der Lektüre passen würde.

TIPP

„Beliebte" **Textsorten** beim produktiven Schreiben:
- Tagebucheintrag
- persönlicher Brief
- innerer Monolog / Selbstgespräch
- Dialog / Gespräch / Gestaltung einer Szene für ein Theaterstück
- Rede / Referat / Vortrag
- Artikel für eine Zeitung oder ein Mitteilungsblatt
- Buchempfehlung / Rezension / Kritik

Nehmen wir als Beispiel die Kurzgeschichte „Der Schritt zurück" von Annette Rauert (siehe S. 47/48). Wenn dir hierzu die Aufgabe gestellt würde, die Geschichte aus der Perspektive des Jungen in der Form eines ausführlichen Tagebucheintrags zu schildern, so darf man durchaus Dinge schildern, die sich vielleicht im Vorfeld des Wettkampfs abgespielt haben. Achte aber darauf, dass du nichts völlig Unwahrscheinliches hinzudichtest!

Bei solch einer Aufgabenstellung sollst und musst du subjektiv vorgehen, d. h., du musst versuchen, ganz aus der Sicht des Jungen mit all seiner Betroffenheit zu schreiben: Die Schilderung von Empfindungen wie Angst, Wut und Trauer gehört hierher ebenso wie die persönlich gefärbte Bewertung anderer Personen und ihres Verhaltens.
Du darfst also viel emotionaler schreiben als bei anderen Arbeitsaufgaben im Deutschunterricht! Ab und zu kann man dabei umgangssprachliche Ausdrücke gebrauchen, vor allem dann, wenn man die direkte Rede benutzt. Allerdings sollte man es damit nicht übertreiben: Fäkalsprache, Gossenjargon und Schimpftiraden haben auch beim produktiven Schreiben nichts verloren.

REGEL

Worauf muss man beim produktiven Schreiben vor allem achten?
- Schaue dir die Aufgabenstellung genau an und versetze dich in die Lage der Person, aus deren Sicht du schreiben sollst. Beachte die Eigenarten der geforderten Textsorte.
- Suche nach wichtigen Informationen aus deiner Lektüre, die du für deinen Aufsatz verwerten kannst. Flechte unbedingt Details aus der Lektüre mit ein, um Textkenntnis zu demonstrieren.
- Überlege dir, welche Problemstellung im Zentrum deiner Ausführungen stehen könnten. Versuche, dieses Problem als Frage zu formulieren.
- Zwar soll dein Text subjektiv verfasst sein, dennoch ist es nicht verkehrt, wenn er trotzdem einen dialektischen Charakter hat, d. h.: Berücksichtige auch Gegenargumente!
- Bei deinen Vorarbeiten solltest du so ähnlich vorgehen wie bei den anderen Aufsatzarten auch: Themenerschließung – Stichwortsammlung – Gliederung – Einleitung vorschreiben – Reinschrift – Korrektur.

8 **Wähle eine der folgenden Aufgaben:**

a) Der Junge aus Annette Rauerts Kurzgeschichte „Der Schritt zurück" (S. 47/48) liegt am Abend nach dem geschilderten Schwimmbadbesuch auf seinem Bett und denkt über das Geschehene nach. Dann beginnt er damit, seine Gedanken in seinem Tagebuch niederzuschreiben. Sein erster Satz fängt mit den Worten „Noch heute morgen hätte ich nie gedacht, dass" an.

b) Die Schwester des Jungen erzählt am folgenden Tag ihrer besten Freundin von dem Vorfall. Schreibe das sich daraus entwickelnde Gespräch auf.

c) Ein Freund des Jungen erhält die Gelegenheit, den Vorfall zwei Wochen später noch einmal in der Schülerzeitung darzustellen und zu kommentieren. (Bei dieser Aufgabenstellung kann man durchaus ein bisschen hinzuerfinden, wie es nach dem Tag weitergegangen sein könnte.)

9 **Der Maler Max Ludwig Nansen schreibt, nachdem der Dorfpolizist sein Haus wieder verlassen hat (siehe Textauszug von Siegfried Lenz, S. 50/51), einen Brief an einen Freund, auf den er sich voll und ganz verlassen kann. Der Brief beginnt mit den Worten: „Nun ist das eingetreten, was ich …". Schreibe diesen Brief und bedenke dabei, dass sich der Maler in einer wirklich bedrohlichen Situation befindet.**

10 **Einer der Besucher/Eine der Besucherinnen von Marie Luise Kaschnitz' Geschichte (S. 57) berichtet nach seiner/ihrer Rückkehr von seinen/ihren Erlebnissen auf der alten Erde in der Zeitung. Verfasse diesen Bericht, in dem auch von weiteren Erfahrungen auf der Besuchsreise die Rede sein kann.**

Klasse vorbereitet?

1 **Erkläre den Unterschied zwischen einem Verlaufs- und einem Ergebnisprotokoll.**

....

....

....

....

2

2 **Fülle mit den Angaben der Einladung den Protokollkopf aus und ergänze Fehlendes.**

Liebe Sportlerinnen und Sportler,
zur diesjährigen Jugendversammlung unseres Sportvereins Eintracht Erle treffen wir uns am 12. Februar um 18.00 Uhr in unserem Sportlerheim. Unsere Vorsitzende Lena Mertens ist leider verhindert. Wir müssen über die Organisation unseres Fußballturniers reden. Vorab finden die diesjährigen Wahlen statt. Wir sollten auch besprechen, welche Anschaffungen wir tätigen. Am Ende ist sicher noch Zeit, um auf Verschiedenes einzugehen. Vermutlich wird die Versammlung nicht länger als eine Stunde dauern. Das Protokoll werde ich übernehmen.
Mit sportlichem Gruß
Holger Graute

Protokoll

Anlass der Besprechung: ....

Datum: .... Beginn: .... Ende: ....

Ort: ....

Anwesende: ....

Abwesende: ....

Protokollführer: ....

Tagesordnung:

TOP 1: ....

TOP 2: ....

TOP 3: ....

TOP 4 ....

12

→

Zwischentest

3 Was gehört in einen Lebenslauf? Streiche Unnötiges und sortiere die Elemente.

Urlaubsreiseziele
Geburtsdatum
Geburtsort
Neigungsfächer
Gesundheitszustand
Hobbys
Persönliche Daten
Geschwister
Name
Persönliche Interessen
Betriebspraktikum
Unterschrift
Beruf der Eltern
Noten des letzten Zeugnisses

17

4 Nenne Gründe, warum es lohnenswert ist, sich auf das produktive Schreiben einzulassen.

4

5 Produktiver Umgang mit einem Text: Schreibe die ganze Geschichte aus der Sicht von Franz Grütter oder aus der der Frau.

Peter Bichsel

Nichts Besonderes

Eines Tages ist eine Frau vom Himmel gefallen, sie mag auf dem Ast eines Baumes gesessen haben, und sie fiel in die Arme von Franz Grütter, und er stand da mit einer Frau in den Armen.
Das ist aber nichts Besonderes, sagten alle.
Auch nichts Erfreuliches, sagte ich.
Und Franz Grütter stand da mit einer Frau in den Armen – mit so Haaren, mit so einem Gesicht und so. Und ich frage uns, wie wir diese Geschichte beenden wollen.
Aber inzwischen ist sie schon zu Ende, und Franz Grütter steht da und hat eine Frau in den Armen.

„Nichts Besonderes“, aus: Peter Bichsel: Zur Stadt Paris. © Suhrkamp Verlag Frankfurt am Main 1993

8

43 Gesamtpunktzahl

Lernplaner

Kontrolliere deine Ergebnisse mithilfe der Lösungen (S. 126) und addiere die erreichten Punkte.
☐ 43 bis 34 Punkte: ☺ ☐ 33 bis 22 Punkte: ☺ ☐ 21 bis 0 Punkte: ☹

Die Abschlussprüfung

Vorschau
→ Allgemeines
→ Übungsklausuren für das Ende der 10. Klasse

Allgemeines

Die Abschlussprüfung in Deutsch am Ende der 10. Klasse hat eine besondere Bedeutung für dich, da sie entscheidenden Einfluss auf deine Abschlussnote hat. Da gerade die Deutschnote bei Bewerbungen eine große Rolle spielt, lohnt es sich für dich, dass du dich auch und gerade in diesem Fach besonders anstrengst.
Um Erfolg zu haben, musst du zunächst die Prüfungsbestimmungen und die Bewertungsmaßstäbe dieser Abschlussprüfung kennen. Denn erst, wenn du über die Spielregeln genau Bescheid weißt, kannst du dich präzise vorbereiten und deine Ergebnisse gezielt verbessern.
Deshalb ist es sehr wichtig, dass euch schon zu Beginn der 10. Klasse von eurem Deutschlehrer genau erklärt wird, was er von euch am Ende des Schuljahres erwartet und welche Bestimmungen gelten. Falls der Lehrer bzw. die Lehrerin, die euch in Deutsch unterrichtet, nicht von selbst auf die Prüfung und alles, was damit zusammenhängt, zu sprechen kommt, solltest du mutig genug sein, um ihn oder sie direkt darauf anzusprechen. Oder du bittest den Klassensprecher, dies zu tun. Schließlich liegt es ja im Interesse aller deiner MitschülerInnen, dass ihr frühzeitig kompetent informiert werdet!
Von besonderer Bedeutung ist es, dass du möglichst lange vor der Prüfung weißt, zwischen welchen Aufgabentypen du in der Abschlussprüfung wählen kannst. In der Regel werden euch bis zu vier verschiedene Aufgabenformen vorgelegt, von denen du eine auswählst und bearbeitest.
Studiere daraufhin sorgfältig die folgende Übersicht der möglichen Aufgabentypen und überlege, welche du schon geübt hast und welche dir besonders liegen.

TIPP

Mögliche Aufgabenformen der Abschlussprüfung im Fach Deutsch

1. Die Beschreibung eines Textes, meistens einer kurzen Geschichte, die vorher nicht bekannt war. Dabei muss der Inhalt zunächst in Form einer Inhaltsangabe zusammengefasst werden. Danach müssen der Aufbau des Textes sowie seine Form und seine sprachliche Gestaltung untersucht werden. Außerdem sollte die Textintention herausgearbeitet werden.
2. Die Beschreibung eines Gedichts: Wie bei der Textbeschreibung muss auch hier der Inhalt wiedergegeben und untersucht werden. Allerdings sind bei einem lyrischen Text die Form- und die Sprachanalyse für die Interpretation besonders wichtig.
3. Argumentieren und Erörtern („Pro und Kontra") im Anschluss an einen vorgegebenen Text: Bei dieser sogenannten „Texterörterung" geht es darum, zunächst den Sachverhalt zusammenzufassen. Danach soll das Thema kontrovers erörtert werden, wobei der Text im ganzen Aufsatz als Ausgangspunkt und Orientierung dienen soll. Den Schluss bildet die eigene, begründete Stellungnahme.
4. Freie Erörterung einer allgemeinen Fragestellung, die sich an eine geistreiche Sentenz, also an einen Ausspruch einer meist bekannten Persönlichkeit anschließt. Bei dieser anspruchsvollen Aufgabenstellung geht es darum, eigene Gedanken zu entwickeln und dabei Pro und Kontra zu erörtern.
5. Texte lesen, auswerten und selbst schreiben in Zusammenhang mit einem „Rahmenthema", das in der 10. Klasse ausführlich besprochen wurde und zu dem alle Schüler eine Themenmappe anlegen, die während der Prüfung benutzt werden darf: Auch bei dieser Aufgabenstellung sind das Argumentieren und Erörtern von zentraler Bedeutung. Hier ist allerdings das allgemeine Thema schon lange vorher bekannt, nicht jedoch der „Schreibanlass", zu dem nun z. B. eine Rede oder ein Artikel verfasst werden soll.
6. Produktive Schreibaufgaben, bei denen im Anschluss an eine vorher im Unterricht behandelte Lektüre aus der Perspektive einer der beteiligten Personen ein eigener Text produziert werden muss. Hierbei handelt es sich um eine Aufgabenform, die Kreativität und Fantasie erfordert und große Gestaltungsmöglichkeiten bietet. Allerdings wird in der Aufgabenstellung die Textsorte festgelegt: Dies kann ein Tagebucheintrag, ein innerer Monolog, ein Brief oder auch ein Artikel für eine Zeitung, eine Rede oder mitunter sogar die Darstellung einer Szene sein.
7. Leseverstehen anhand eines Textes mit gelenkten Fragen und mehreren Antwortvorgaben, von denen jeweils eine anzukreuzen ist (sogenannte Multiple-Choice-Aufgaben). Bei den Aussagen, die sich immer auf das vorgegebene Material beziehen (auf den Text, manchmal auch auf ein Schaubild, eine Tabelle oder eine Karikatur), geht es um den Inhalt und die Aussage des Materials, oft auch um den Textzusammenhang und die Intention des Autors.

Es ist kaum zu sagen, welche dieser Aufgabenformen schwerer und welche leichter ist. Eigentlich kann man dies sowieso nicht allgemeingültig für alle Schülerinnen und Schüler beurteilen. Die Erfahrung zeigt allerdings, dass sich vor allem Jungen in der Regel mit der Gedichtbeschreibung (2. Aufgabenform) schwertun.
Das Leseverstehen (7. Aufgabenform) erscheint dagegen eher leicht, was aber auch nicht immer stimmt, da man den Text sehr genau lesen muss, um die wirklich richtige Antwort zu finden. Außerdem werden diese Multiple-Choice-Aufgaben nicht in allen Bundesländern gestellt.
Das „produktive Schreiben" (6. Aufgabenform) liegt wiederum besonders kreativen Schülern, für die es manchmal die Rettung ist, dann nämlich, wenn sie mit Beschreibung, Analyse und Erörterung große Probleme haben.
Du siehst also, dass es sehr wichtig ist, sich darüber klar zu werden, wo die eigenen Stärken und Schwächen liegen und was an der eigenen Schule besonders intensiv geübt wird und was nicht. Um dir das deutlich zu machen, beantworte bitte die drei nachfolgenden Fragen so genau wie möglich:

1 Welche der sieben genannten Aufgabenformen werden an deiner Schule geübt und geprüft?

1. ....
2. ....
3. ....
4. ....
5. ....

2 Welche der an deiner Schule bearbeiteten Aufgabenformen liegen dir am ehesten?

1. ....
2. ....
3. ....

3 Gibt es Aufsatzformen, die dir Schwierigkeiten machen? Welche sind das?

1. ....
2. ....
3. ....

12 wichtige Fragen von Schülerinnen und Schülern zur Abschlussprüfung in Deutsch am Ende der 10. Klasse

Nachfolgend findest du einige häufig gestellte Fragen zur Abschlussprüfung in Deutsch.

Wichtig!
Da aufgrund der Bildungs- und Kulturhoheit der Länder in Deutschland jedes Bundesland seine eigenen Prüfungsbestimmungen hat, ist es wichtig, dass du vor der Prüfung genau abklärst, welche Bestimmungen in deinem Bundesland und an deiner Schule gelten. Frage deshalb deinen Deutschlehrer, wie die Prüfung bei euch gehandhabt wird. Dies gilt insbesondere für mündliche Prüfungen, weil hier der einzelne Lehrer viele Gestaltungsmöglichkeiten hat. Je früher du darüber Bescheid weißt, umso besser!

1. **Was wird eigentlich in der Deutschprüfung von mir verlangt?**
   Im Fach Deutsch wird vor allem geprüft, wie gut du mit Texten umgehen kannst (fremde Texte verstehen und auswerten) und wie es dir gelingt, die vorgegebenen Arbeitsanweisungen umzusetzen und einen eigenen Aufsatz auszuformulieren.
   Bei den meisten Aufgaben kommt es darauf an, zu argumentieren und zu erörtern („Pro und Kontra"). Häufig gibt es auch für das ganze Schuljahr im Voraus festgelegte Lektüretexte und Rahmenthemen.
   Bei den Rahmenthemen wie z. B. „Ausbildung und Arbeitswelt im Wandel" oder „Lebensraum Stadt" werden wiederum vor allem Textverständnis und argumentierendes Schreiben verlangt, während zu einer vorher im Unterricht besprochenen Lektüre oft auch kreativ-freie Aufgaben gestellt werden, bei denen du selbst einen eigenen Text (z. B. in Form eines Briefs, eines Tagebuchs oder Dialogs) schreiben darfst. Diese Aufsatzform wird auch als „produktives Schreiben" bezeichnet.

2. **Wie lange dauert die schriftliche Prüfung?**
   Die schriftliche Prüfung in Deutsch dauert in Süddeutschland in der Regel volle vier Zeitstunden, also 240 Minuten. In anderen Bundesländern können es dagegen auch nur 150 bis 180 Minuten sein. In jedem Fall ist die Prüfungsdauer also deutlich länger als eine normale Klassenarbeit. Deshalb solltest du unbedingt üben und ausprobieren, wie du diese längere Zeit voll und ganz nutzen kannst. Und wenn du dich dann gut vorbereitet haben wirst, wirst du überrascht sein, wie kurz selbst vier Stunden sein können und wie sehr du jede Minute davon brauchen kannst, um einen vorzeigbaren Text zu verfassen.

3. **Wie viel sollte ich in etwa schreiben?**
   Bekanntlich hängt die Qualität einer Arbeit nicht von ihrem Umfang ab. Andererseits braucht eine gelungene Deutscharbeit auch einen gewissen Mindestumfang.
   Dieser liegt bei minimal drei Seiten. Durchschnittlich können allerdings bei einer vierstündigen Klausur schon vier bis fünf Seiten erwartet werden. Nur dann wird der Aufsatz hinreichend differenziert sein und genügend Einzelheiten und Detailarbeit enthalten. Aufsätze, die mehr als sechs Seiten umfassen, sind eher die Ausnahme. Nicht selten findet sich in derart langen Aufsätzen dann einiges „Geschwafel".

4. Muss ich alles ausformulieren oder genügen auch schon Stichworte?
In der eigentlichen Reinschrift deines Aufsatzes, die du am Ende der Klausur abgibst, sollten nur ausformulierte vollständige Sätze stehen. Stichworte gehören nur ins Konzeptpapier, das man bei einer Abschlussarbeit meist gesondert und oft in einer besonderen Farbe erhält. Nur im Notfall, wenn man mit der Zeit nicht hinkommt, ist es besser als gar nichts, wenigstens die Stichworte zu Papier gebracht zu haben.

5. Muss ich eine Gliederung machen?
Es ist zwar sehr zu empfehlen, wenn du nach der Stichwortsammlung eine Gliederung erstellst, aber die Gliederung gehört nicht zu dem, was bewertet wird. Allerdings hilft sie sehr dabei, deinen Aufsatz zu strukturieren und in eine gute Form zu bringen.

6. Wie teile ich mir die Zeit am besten ein?
Eine gute Zeiteinteilung ist eine wichtige Voraussetzung für eine gelingende Arbeit. Dabei kommt es darauf an, die gesamte zur Verfügung stehende Zeit auszunutzen. Du solltest deshalb bestrebt sein, nicht zu früh fertig zu sein, aber natürlich auch nicht erst mit dem „Schlusspfiff" den letzten Satz zu Ende zu schreiben, da du ja noch Zeit für eine Korrektur brauchst.
Als allgemeine Regel gilt: Zur Vorbereitung des Aufsatzes brauchst du etwa ein Viertel bis ein Drittel der Gesamtzeit, zur Korrektur und für Pausen ca. ein Zehntel.
Für das Niederschreiben der Arbeit und das Ausformulieren bleiben dann rund 60 % der angesetzten Zeit. Bei einer vierstündigen Klausur solltest du also 75 – 90 (!) Minuten für die Vorbereitung einplanen, 20 Minuten für die Korrektur am Schluss und 120 – 150 Minuten für die Reinschrift.

7. Was mache ich bei einem Blackout?
Die schlimmsten Momente in einer Klausur sind die sogenannten Blackouts, die viele Menschen vor allem von Mathematikarbeiten her kennen. Wenn einfach nichts mehr geht, wenn du nicht mehr weiter weißt, solltest du nicht lange nachgrübeln oder ins Leere starren. Viel besser ist es, wenn du dann zur Toilette gehst oder besser: rennst! Denn durch körperliche Bewegung bekommst du den Kopf wieder frei und kannst plötzlich wieder klar denken. Übrigens wenn du nicht rennen willst, solltest du vielleicht 15 Liegestützen machen oder eine Treppe hinauflaufen – die Hauptsache ist, dass du richtig außer Atem kommst.

8. Welche Bedeutung haben Rechtschreibung und Zeichensetzung?
Die formale Korrektheit ist ein wichtiger Faktor bei der Bewertung einer Deutscharbeit. Hierzu zählen neben dem Schriftbild und der Lesbarkeit des Textes vor allem die richtige Schreibung der Wörter, die korrekte Beherrschung der Satzzeichen und der Grammatik. In der Regel hängt die Bewertung einer Deutscharbeit zu etwa 10 % von diesen Faktoren ab. Bei einer Fehlerhäufung kann jedoch eine Abwertung um eine volle Note erfolgen.

9. Welche anderen Kriterien gibt es zur Bewertung von Deutscharbeiten?
Neben der formalen Korrektheit werden vor allem die sprachliche Kompetenz und der Inhalt deiner Arbeit bewertet. Stil, Satzbau und Ausdruck fließen mit etwa einem Drittel in die Bewertung ein; Inhaltsaspekte, die thematische Angemessenheit deiner Arbeit, die Strukturierung und der Gesamtaufbau machen in etwa die Hälfte, bei formal guten Arbeiten auch mehr als 50 % der Gesamtnote aus.

10. Wann gibt es eine mündliche Prüfung?
Eine mündliche Prüfung in Deutsch kannst du selbst wünschen und solltest dies auch tun, wenn das Ergebnis deiner schriftlichen Arbeit deutlich unter deinen Erwartungen lag. Außerdem kann eine mündliche Prüfung auch vom Prüfungsvorsitzenden anberaumt werden oder wenn das schriftliche Ergebnis stark von der Jahresnote abweicht. In der mündlichen Prüfung, die von deinem Deutschlehrer durchgeführt wird, werden nur Inhalte geprüft, die ihr in der 10. Klasse besprochen habt. Die Fragen stellt dein Lehrer, und du hast die Möglichkeit, rechtzeitig vor der Prüfung ein oder mehrere Spezialthemen zu benennen.

11. Wie kann ich mich am besten vorbereiten?
Die beste Vorbereitung auf die Prüfung in Deutsch basiert auf dem Grundsatz „Learning by doing": Regelmäßiges und rechtzeitiges Üben wird dich sicherer und erfolgreicher machen. Am besten nutzt du konsequent dieses Buch und arbeitest es systematisch durch.
Nach Absolvierung der ersten Hauptkapitel solltest du dann daran gehen, Klausuren, wie du sie hier findest, zu bearbeiten. Dabei solltest du wie unter Prüfungsbedingungen ohne Unterbrechungen und ungestört arbeiten.

12. Was ist, wenn ich am Prüfungstag krank werden sollte?
Natürlich ist es sehr ärgerlich, wenn du ausgerechnet am Prüfungstag krank werden solltest. Die Prüfungsordnungen sehen für diesen Fall jedoch die Möglichkeit einer Nachprüfung vor, die einige Wochen nach der Hauptprüfung stattfindet. Allerdings musst du dir am Prüfungstag unbedingt ein ärztliches Attest ausstellen lassen.
Wer ohne echten Grund nicht zu einem Prüfungstermin erscheint, wird von der ganzen Prüfung ausgeschlossen und hat sie nicht bestanden.

TIPP

Nach welchen Gesichtspunkten wird eine Deutscharbeit bewertet?

Am besten überprüfst du einmal deine Arbeiten nach folgenden Punkten (beachte dabei, dass die letzten Fragen nicht auf jede Arbeit zutreffen!):

- Wie ist der äußere Eindruck, wie ist das Schriftbild deiner Arbeiten?
- Wie ist die Lesbarkeit deiner Arbeiten? Kann man alles problemlos lesen oder braucht man an einigen Stellen eine Lupe oder einen Handschriftendeuter?
- Wie hoch ist die Zahl der Rechtschreibfehler? Zu hoch?
- Wie viele Zeichensetzungsfehler machst du pro Seite?
- Schreibst du durchgängig grammatikalisch korrekt?
- Wie ist deine sprachliche Kompetenz? Wie ist deine Ausdrucksfähigkeit? Kannst du dich präzise und differenziert ausdrücken?
- Wie gelingt dir die Gestaltung von Übergängen?
- Wie gut und strukturiert ist der Aufbau deiner Arbeit?
- Hast du das Thema insgesamt angemessen bearbeitet?
- Bist du wirklich auf alle Teilaufgabenstellungen eingegangen?
- Enthält deine Wiedergabe alle wichtigen Gedanken des Textes knapp und präzise?
- Sind deine Argumente schlüssig/originell/nachvollziehbar?
- Ist deine Gedankenentwicklung in sich stimmig?
- Hast du auch Gegenargumente berücksichtigt?
- Ist deine Analyse fundiert/differenziert/am Text belegt?
- Ist deine eigene Stellungnahme gut begründet und ausgewogen?

Übungsklausuren für das Ende der 10. Klasse

Nachfolgend findest du einige typische Klausuren, wie sie in den vergangenen Jahren in den verschiedenen Bundesländern gestellt worden sind. Wenn du daran gehst, eine solche Klausur zu bearbeiten, denke an das, was du in den vergangenen Kapiteln gelernt hast! Beherzige vor allem ein systematisches Vorgehen und halte dich dabei an die Arbeitsschritte, wie du sie in diesem Buch kennengelernt hast.

Die folgenden Aufgaben entsprechen in ihrer Schwierigkeit Originalprüfungsaufgaben. Falls du also jetzt noch Probleme mit der Bearbeitung hast, wäre das nicht weiter verwunderlich! Für den Fall, dass du mit einer Aufgabe nicht zurechtkommst, darfst du gerne auch gleich in den Lösungshinweisen nachschlagen. Dort findest du Tipps und Anregungen, die dir hoffentlich weiterhelfen werden.

TIPP

Tipps für die Einteilung der Zeit und der eigenen Kräfte bei einer Deutschklausur:
Um eine Klausur gut durchzustehen, ist es ganz besonders wichtig, dass du dir die Zeit gut einteilst. Kaum etwas ist ärgerlicher, als nicht fertig geworden zu sein.
Auf der anderen Seite ist es auch nicht viel besser, wenn du zu früh fertig wirst und du die dir zur Verfügung stehende Zeit nicht voll ausnutzen kannst.
Hier findest du jetzt eine Zeiteinteilung, die sich in der Praxis immer wieder bewährt hat:

- Wie du inzwischen weißt, solltest du dir genügend Zeit für die Vorbereitung der Klausur nehmen. Falls es sich um eine mehrstündige Klausur handelt, kannst du sogar ein Viertel bis zu einem Drittel der Gesamtzeit für die ersten fünf Arbeitsschritte von der Erschließung des Themas bis zum Vorschreiben der Einleitung ansetzen. Zwei „Zeitfahrpläne" findest du auf der nächsten Seite.
- Sobald du die Klausur gründlich vorbereitet hast, kannst du mit dem Schreiben beginnen. Hierfür solltest du etwas mehr als die Hälfte der Gesamtzeit einplanen.
- Die verbleibende Zeit wirst du für die Korrekturdurchgänge, für Pausen und als Zeitpuffer brauchen können.
- Mach mal Pause! Nicht zu lange, aber ruhig einmal 5 bis 10 Minuten, am besten nach etwa 100 Minuten. Eine Pause ist auch deshalb sinnvoll, damit dein Geist einmal abschalten kann und dein Kopf wieder frei wird.
- Vergiss nicht, zwischendurch etwas zu essen und vor allem zu trinken. Besonders sinnvoll sind vitaminhaltige Lebensmittel (Obst und Gemüse, z. B. ein Apfel oder eine Möhre) und süße Sachen (Banane, Schokolade, Müsliriegel, Traubenzucker), die sofort ins Blut gehen – und noch dazu gut schmecken.
- Bewegung tut auch während einer langen Klausur gut! Gehe deshalb ruhig einmal mehr zur Toilette – und wenn du gerade einen Durchhänger hast, dann renne, was das Zeug hält, damit du wieder einen klaren Kopf bekommst.

TIPP

Zeitfahrplan für eine Deutschklausur von 150 Minuten (= 2,5 Zeitstunden)

Beginn: 8.30 Uhr – Abgabe: bis 11.00 Uhr

8.30 – etwa 9.15 Uhr:	Themenauswahl Erschließung des Themas Stichwortsammlung/Mindmap Gliederung Vorschreiben der Einleitung
9.15:	5 Minuten Pause
9.20 – 10.50 Uhr:	Reinschrift
10.50 – 11.00 Uhr:	Korrektur

TIPP

Zeitfahrplan für eine Deutschklausur von 240 Minuten (= 4 Zeitstunden)

Beginn: 8.00 Uhr – Abgabe: bis 12.00 Uhr

8.00 – etwa 9.20 Uhr:	Themenauswahl Erschließung des Themas Stichwortsammlung/Mindmap Gliederung Vorschreiben der Einleitung
9.20:	5 bis 10 Minuten Pause
9.30 – 11.45 Uhr:	Reinschrift
11.45 – 12.00 Uhr:	Korrekturdurchgänge

Prüfungsaufgaben

Zeitliche Vorgaben: Bei den Aufgaben 1 bis 6 hast du 240 Minuten Zeit, bei der Aufgabe 7 steht dir 150 Minuten zur Verfügung.
Falls du gerade nicht so viel Zeit hast, solltest du aber in jedem Fall mindestens zwei Stunden investieren, um zu prüfen, wie gut du schon bist. Innerhalb von zwei Stunden müsstest du in jedem Fall sämtliche Vorarbeiten abgeschlossen haben und die ersten ein bis zwei Seiten der Reinschrift zu Papier gebracht haben.

Argumentieren und erörtern

4 **Auf einem Transparent war zu lesen: „Wir gehen mit der Welt um, als hätten wir eine zweite im Keller." – Erörtere die in dieser Aussage enthaltene Problematik.**

5 **Erörtere die angesprochene Problematik.**
Sein wie kein anderer – sein wie die anderen.

6 **Computerspiele – eine sinnvolle Freizeitbeschäftigung?**

7 **Pausensprache Deutsch!**
Erörtere, ob es sinnvoll ist, in deutschen Schulen verbindlich vorzuschreiben, dass in der Pause nur noch Deutsch gesprochen werden darf. Nimm auch selbst Stellung.

Texte beschreiben

Josianne Maas

Konsequenz

Wie bitte, ob ich was bin? Gegen die Rassentrennung?
Natürlich bin ich gegen die Rassentrennung. Was können denn diese armen Menschen dafür, dass sie eine andere Hautfarbe haben? Es muss endlich mal Schluss gemacht werden mit der Diskriminierung!
Aber selbstverständlich bekommen Sie meine Unterschrift. Man muss doch schließlich beweisen, dass man tolerant ist. Also ich habe gar nichts gegen Neger. Vor Gott sind alle Menschen gleich.
Rassenkrawalle in Chikago? Also wissen Sie, ich verstehe ja die Amerikaner nicht. Haben doch eine Demokratie. Sollen den Negern doch endlich die Gleichberechtigung geben. Sind ja schließlich auch Menschen.
Wenn einer zu mir an die Tür kommt? Na, hören Sie mal! Man hat doch ein Herz für diese armen Teufel. Erst gestern war noch einer hier. Ein ganz Schwarzer, sage ich Ihnen.
So was von schwarz! Zuerst habe ich mich ja ein bisschen erschrocken, als ich die Tür aufmachte und er plötzlich vor mir stand. Aber er war sehr nett. Wollte Zeitungen verkaufen. Eigentlich kaufe ich ja grundsätzlich nicht an der Tür. Aber in diesem Fall ... Da macht man natürlich eine Ausnahme. Er sollte ja auch nicht denken ...
Sicher, ich habe ihm die Hand gegeben. Na ja, ein etwas komisches Gefühl war das ja.
Ich habe mir auch gleich hinterher die Hände gewaschen. Aber das tut man ja sonst auch.
Wie bitte? Ob ich etwas dagegen hätte, wenn meine Tochter ... mit einem Neger? Sie, werden Sie nicht unverschämt. Meine Tochter ist ein anständiges Mädchen. Die tut so was nicht!

In: Hugo E. Keufer (Hrsg.): Beispiele, Beispiele. Texte aus der Literarischen Werkstatt Gelsenkirchen, Recklinghausen 1969, S. 25

8 **Textarbeit**

a) Fasse den Inhalt des Textes zusammen und bestimme das zentrale Thema.
b) Beschreibe den Text und gehe dabei auf die sprachlichen Mittel ein, die darin benutzt werden.
c) Welche Wirkung hat der Text auf den Leser? Welche Intention dürfte die Autorin gehabt haben?

Gedichte

Mascha Kaléko

Einer Negerin im Harlem-Expreß

Dunkles Mädchen eines fremden Stammes,
Tief im Dschungel dieser fremden Stadt,
Deiner Augen schwarzverhangne Trauer
Sagt mir, was dein Herz gelitten hat.

Immer möchte ich dich leise fragen:
Weißt du, daß wir heimlich Schwestern sind?
Du, des Kongo dunkelbraune Tochter,
Ich, Europas blasses Judenkind.

Vor der Schmach, die Abkunft zu verstecken,
Schützt dich, allen sichtbar, deine Haut.
– Vor der andern Haß, da sie entdecken,
Daß sie dir „versehentlich“ vertraut.

Quelle: Mascha Kaléko (1912–1975, jüdischer Abstammung): Einer Negerin im Harlem-Expreß, in: dies.: „In meinen Träumen läutet es Sturm“. Gedichte und Epigramme aus dem Nachlaß.
© 1977 Deutscher Taschenbuch Verlag, München, S. 48.
Aus urheberrechtlichen Gründen ist dieser Text nicht in reformierter Rechtschreibung abgedruckt.

9 Textarbeit

a) Beschreibe das Gedicht, indem du den Inhalt und die sprachliche Form untersuchst und beides miteinander vergleichst.
b) Worin bestehen Gemeinsamkeiten, worin Unterschiede zwischen den beiden Frauen?
c) Arbeite die zentrale Aussage des Gedichts und die zu vermutende Absicht der Autorin heraus.

Produktives Schreiben

10 Versetze dich in die Rolle des lyrischen Ichs in Kalékos Gedicht und beschreibe die Erfahrung, die es im New Yorker Vorortzug macht.

Zwischentest

Klasse vorbereitet?

1 Ihr schreibt in der Schule eine mehrstündige Deutsch-Klausur, die um 8.00 Uhr beginnt. Um 10.45 Uhr müsst ihr die Klausur abgeben. Wie teilst du dir die Zeit ein?

8.00 Uhr: Themen durchlesen und sich für ein Thema entscheiden

8.15 Uhr: ....

Pause (5 –6 Minuten)

....

10.30 Uhr: Durchsicht und Korrektur

5 10.44 Uhr: Abgabe

2 Was machst du bei einem Blackout in der Prüfung?

....

....

....

....

....

....

....

....

....

3 ....

8 Gesamtpunktzahl

Lernplaner Kontrolliere deine Ergebnisse mithilfe der Lösungen (S. 127) und addiere die erreichten Punkte.

☐ 8 bis 6 Punkte: ☺ ☐ 5 bis 4 Punkte: 🙂 ☐ 3 bis 0 Punkte: ☹

Abschlusstest

A Rechtschreibung und Zeichensetzung

1 **Groß oder klein? Unterstreiche die Wörter, die du großschreiben musst.**

wie heißt der titel?

dieser roman ist keine abenteuergeschichte und keine robinsonade, wie sie zu der zeit häufig waren. er ist vielmehr psychologisch ausgerichtet und stellt die seelischen vorgänge in einem empfindsamen, fantasievollen menschen in den vordergrund. dieser schwärmer verliebt sich ohne wenn und aber in ein hübsches mädchen, das ihm wesensverwandt ist, aber schon mit einem braven mann verlobt ist, der für ordnung und emsigkeit stadtbekannt ist. die liebe kann für die hauptperson nicht glücklich enden. die beiden gehen nicht durch dick und dünn. ihn belastet das gefühl, schuld zu sein an der misslungenen beziehung, und er steht vor dem nichts. von früh bis spät denkt er an sie. über kurz oder lang blitzt in ihm der gedanke auf, dass er den kerker seines körpers ohne weiteres verlassen könne, wann er wolle. das verfassen des romans in briefform erhöhte die möglichkeit des einfühlens in den unglücklichen und war zur damaligen zeit etwas besonderes. was den verfasser dieses werkes störte, war das starke interesse seiner leserschaft an der frage, was denn an der sache wahr sei. kannst du erraten, in welchem roman der protagonist diesem ständigen auf und ab ausgesetzt ist?

51

2 **In diesem Text fehlen sämtliche Satzzeichen (Satzschlusszeichen und Kommas). Ergänze sie. Korrigiere auch die Satzanfänge.**

Die Katastrophe

Vom Untergang der Titanic waren 1912 Junge und Alte Kleine und Große betroffen der Tod machte weder vor Reich noch vor Arm Halt dieses Schiffsunglück das in unseren Tagen zum modernen Mythos geworden ist lässt so viele Jahre danach noch die Kassen klingeln denn immer neue Sachbücher werden verfasst Filme gedreht Musicals geschrieben Katastrophen-Menüs gekocht selbst die Lust die Originalmusik beim Dinner zu hören verdirbt nicht den Appetit Titanic-Fan-Clubs voll auf Untergang eingestellt verkaufen weltweit T-Shirts Schlüsselanhänger sowie Aufkleber mit Zeichnungen des sinkenden Schiffes es werden sowohl Magazine angeboten als auch Abenteuerspiele die glaubwürdig die Originaluntergangssituation simulieren welche bei eingefleischten Fans besonders beliebt ist dies ist sicher geschäftstüchtig clever und profitabel jedoch auch makaber und abwegig

23

Gesamtpunktzahl Aufgaben 1 und 2 74

Kontrolliere deine Ergebnisse mithilfe der Lösungen (S. 127/128) und addiere die erreichten Punkte.

Teilbereich A: ☐ 74 bis 59 Punkte: ☺ ☐ 58 bis 37 Punkte: 😐 ☐ 36 bis 0 Punkte: ☹

B Grammatik

3 Setze in die indirekte Rede.
Der bündnisgrüne Bundestagskandidat Hermann Reyher warnt vor dem häufigen Gebrauch von Handys: „Mobilfunk ist eine Gefahr für die Bürger. Die Frage, ob die von Mobilfunk-Masten ausgehende Strahlung gefährlich ist, tritt eher in den Hintergrund, da das Telefonieren mit dem Handy weitaus gefährlicher sein kann: 10 Minuten mit dem Handy zu telefonieren bewirkt in etwa die Dosis von Strahlen, der man ausgesetzt ist, wenn man einen ganzen Tag in 50 Metern Entfernung von einer Mobilfunkanlage verbringt. Solange es keine gesicherten Erkenntnisse in Bezug auf die Gefährdung gibt, muss man sensibel sein und verantwortlich mit dieser Technologie umgehen. Denn diese Strahlung kann Konzentrationsstörungen oder Schlaflosigkeit verursachen und sogar Krebserkrankungen auslösen. Deshalb soll man Handys nicht in der Nähe
12 lebenswichtiger Organe tragen."

4 Wie lauten die fehlenden grammatikalischen Bezeichnungen?

Deutsche Bezeichnung	Lateinische Bezeichnung
Hauptwort	
	Passiv
Tätigkeitswort	
	Konjunktion
	Präteritum
Möglichkeitsform	
	Adjektiv
	Prädikat
Verhältniswort	

9

21 Gesamtpunktzahl Aufgaben 3 und 4

C Texte beschreiben und analysieren

7 **5 Nenne und charakterisiere kurz die fünf verschiedenen Sprachebenen.**
Sollte man in einer Klausur auch Szenejargon und Dialektsprache benutzen?

6 **6 Welche Punkte gehören in eine Gliederung?**

8 **7 Welche Angaben solltest du unbedingt in der Einleitung einer textgebundenen Aufgabe (Textbeschreibung; Texterörterung) machen?**

4 **8 Welche Aspekte sind bei einer Gedichtinterpretation besonders wichtig?**

25 Gesamtpunktzahl Aufgaben 5 bis 8

Kontrolliere deine Ergebnisse mithilfe der Lösungen (S. 128) und addiere die erreichten Punkte.
Teilbereich B: ☐ 21 bis 17 Punkte: ☺ ☐ 16 bis 11 Punkte: 😐 ☐ 10 bis 0 Punkte: ☹
Teilbereich C: ☐ 25 bis 20 Punkte: ☺ ☐ 19 bis 13 Punkte: 😐 ☐ 12 bis 0 Punkte: ☹

D Argumentieren und Erörtern

9 **Erläutere kurz den Unterschied zwischen einer dialektischen und einer steigenden Erörterung.** 3

10 **Was gehört in den Schluss einer Erörterung?** 4

Gesamtpunktzahl: Aufgaben 9 bis 10 7

E Weitere Aufgabenformen

11 **Protokolle spielen auch und gerade im Arbeits- und Berufsleben eine wichtige Rolle. Warum ist das so? Welche Formen des Protokollierens kennst du?** 6

12 **Nenne vier verschiedene Textsorten, die für das produktive Schreiben in Frage kommen, und überlege, welche dir davon besonders liegen.** 4

Gesamtpunktzahl: Aufgaben 11 und 12 10

F Die Abschlussprüfung

13 **Wie viel Zeit solltest du in einer mehrstündigen Deutschklausur für die Vorbereitung der Arbeit einkalkulieren? Welche Arbeitsschritte sind in dieser Zeit zu erledigen?** 6

14 **Nenne die wichtigsten Bewertungskriterien für eine Deutschklausur und überlege, wo deine besonderen Stärken liegen – und wo du noch Schwächen hast. Wie kannst du diese Schwächen beheben?** 16

Gesamtpunktzahl: Aufgaben 13 und 14 22

Kontrolliere deine Ergebnisse mithilfe der Lösungen (S. 128) und addiere die erreichten Punkte.

Teilbereich D: ☐ 7 bis 6 Punkte: ☺ ☐ 5 bis 4 Punkte: ☺ ☐ 3 bis 0 Punkte: ☹

Teilbereich E: ☐ 10 bis 8 Punkte: ☺ ☐ 7 bis 5 Punkte: ☺ ☐ 4 bis 0 Punkte: ☹

Teilbereich F: ☐ 22 bis 18 Punkte: ☺ ☐ 17 bis 11 Punkte: ☺ ☐ 10 bis 0 Punkte: ☹

Anhang – Glossar

Das nachfolgende Glossar umfasst mehr als 125 Begriffe, die für das Fach Deutsch besonders wichtig sind. Hierzu zählen Termini aus der Grammatik, der Stilkunde, der Verslehre und der Rhetorik. Außerdem enthält diese Liste Schlüsselbegriffe zu den Aufsatzformen, wie sie in den Prüfungen vorkommen.
Zur leichteren Orientierung sind im Folgenden die rhetorischen Figuren **grau** hervorgehoben, Begriffe der Verslehre **grün**. Beispiele sind jeweils *kursiv* gesetzt.

TIPP

Es ist sehr empfehlenswert, wenn du einmal prüfst, welche der hier verzeichneten Fachausdrücke du schon kennst und welche für dich noch ganz fremd sind. Einige Begriffe kennst du sicher auch passiv, d. h. du hast sie schon einmal gehört, kannst sie aber nicht genau erklären.
Am besten wäre es, wenn du danach feststellst, welche dieser Begriffe du eigentlich kennen solltest. Hierfür ist es sinnvoll, diese Fachausdrücke auf kleine Karteikärtchen im Format DIN A 7 zu schreiben, wobei du beide Seiten benutzen solltest (z. B. auf die Vorderseite den Begriff und auf die Rückseite die Erklärung, die deutsche Bedeutung oder ein Beispiel). Mithilfe dieser Karteikärtchen, die du bequem bei dir tragen kannst, solltest du dann in kleinen Pausen, etwa an der Bushaltestelle oder im Zug, schnell noch einmal alles wiederholen und so das Gelernte festigen.

Adjektiv: Eigenschaftswort/„Wiewort"
klug, cool, erhaben, interessant

Adverb (Pl.: Adverbien): Umstandswort. Das ~ bestimmt ein → Verb, ein → Adjektiv oder einen ganzen Satz genauer:
*Er redet **klug**, sie hört **gerne** zu.*
*Das Wiesel ist **sehr** schnell.*
***Bald** reicht es mir.*

Akkumulation: Worthäufung, Aneinanderreihung von Begriffen derselben Kategorie
*„Nenn's **Glück! Herz! Liebe! Gott!**"*
Sonne, Mond und Sterne

Akkusativ: 4. Fall/„Wen-Fall", steht auf die Frage: Wen oder was?
(Ich sehe) den Mann, die Frau, das Kind

Aktiv (Gegenbegriff zum → Passiv): Tätigkeitsform des Verbs
Er kam zu ihr. Sie sah ihn und ging.
Ernst leidet still vor sich hin.

Allegorie: Konkrete Darstellung eines abstrakten Begriffs, z. B. durch eine → Personifikation oder ein Sinnbild
Gott Amor (für die Liebe)
Ein Gerippe mit Sense (für den Tod)

Alliteration: Übereinstimmung von zwei oder mehr Wörtern im Anfangslaut
Es wallen und wogen die Wipfel des Waldes.
Milch macht müde Männer munter.
Geiz ist geil.

Analyse: im Fach Deutsch die systematische Untersuchung eines Textes, der zunächst in seine

Bestandteile zerlegt wird, die dann neu geordnet, erläutert und interpretiert werden müssen.

Anapher: Wiederholung eines oder mehrerer Wörter an Satz- oder Versanfängen

Wir fordern erstens, ... wir fordern zweitens, ... wir fordern drittens ...

Lies keine Oden, mein Sohn, lies die Kursbücher, sie sind genauer.

Anekdote: Knappe, treffende Schilderung einer charakteristischen Begebenheit, die für eine Person typisch und sprechend ist.

Antithese: Gegenthese zu einer Ausgangsthese, die durch die ~ infrage gestellt wird. Durch die Gegenüberstellung von → These und ~ (s. auch → „dialektische Erörterung") werden der Gegensatz und/oder die Widersprüchlichkeit einer Sache besonders deutlich.

Apposition: Eingeschobene oder nachgestellte Hinzufügung, die das Beziehungswort genauer beschreibt:

*Adenauer, **der Bundeskanzler**, sagte*

*Herr Habicht, **mein Deutschlehrer**, ...*

Argument: Aussage, Beweismittel, das zur Begründung oder Widerlegung einer → These angeführt wird.

Artikel: Geschlechtswort, auch: Begleiter (eines → Nomens)

bestimmter ~: *der, die, das*

unbestimmter ~: *ein, eine*

Attribut: Beifügung zur näheren Bestimmung eines Satzgliedes

*das Lachen **des Kindes** (= Genitiv-~)*

*die **schlafenden** Hunde*

auktorialer Erzählstil (Gegensatz zu: personale Erzählsituation): → Erzählperspektive, bei der der Autor allwissend ist, sodass er Vorgänge auch aus der Innenperspektive der handelnden Personen schildern kann und dabei das gesamte vergangene und zukünftige Geschehen überblickt.

autobiografischer Text: Schriftform, in der das eigene Leben oder Teile daraus geschildert werden, sodass Autor, Erzähler und Hauptperson identisch sind.

Bindewort: → Konjunktion

Binnenreim: Reim innerhalb einer Verszeile

*Ritzeratze! voller **Tücke**, in die **Brücke** eine **Lücke**. (Aus: „Max und Moritz" von Wilhelm Busch)*

*Wenn **Hasen rasen** ...*

Dativ: 3. Fall/„Wem-Fall", steht auf die Frage: Wem?

(Ich gebe) dem Mann, der Frau, dem Kind

Deklination: Beugung des → Nomens, das dadurch in die vier Fälle gesetzt wird. Auch das → Adjektiv, das → Pronomen und das Zahlwort können dekliniert werden.

der Mann, des Mannes, dem Mann, den Mann

Demonstrativpronomen: hinweisendes → Pronomen

dieser Mensch, jene Frau

Dialekt (Gegensatz zur → Hochsprache): Mundart, Regionalsprache, die nur in einer bestimmten Gegend gesprochen wird, wie z. B. *Plattdeutsch, Rheinländisch, Bayrisch.*

dialektische Erörterung: Besonders wichtige Aufgabenform des Deutschunterrichts, in der ein Thema kontrovers diskutiert werden soll. Dafür werden → Thesen und → Antithesen miteinander konfrontiert und Pro- und Kontra-Argumente angeführt.

Dialog (Gegensatz → Monolog): mündlich oder schriftlich abwechselnd geführte Rede und Gegenrede von zwei oder mehreren Personen.

direkte Rede (Gegensatz → indirekte Rede): Unveränderte Wiedergabe der gesprochenen Aussage. Die ~ ist durch Anführungszeichen gekennzeichnet.

Sie sagt: „Ich will es so!"

Dramatik: Handlungsgeschehen, das auf der Bühne aufgeführt wird; die ~ ist neben der → Epik und der → Lyrik eine der drei großen Gattungen der Dichtung.

Eigenschaftswort: → Adjektiv

Ellipse: Unvollständiger Satz, bei dem ein Wort oder ein Satzteil ausgelassen sind.

Noch jemand ohne Fahrschein?

Still gestanden!

Bin ich Kino?

Enjambement: Zeilensprung, der das Übergreifen eines Satzes auf die nächste Zeile im Gedicht bezeichnet.

Für mehr

Als mich

Epik: Erzählende Literatur, zu der u. a. die Kurzgeschichte, Märchen und Sagen, Romane und Epen gehören. Die ~ ist neben der → Dramatik und der → Lyrik eine der drei grundlegenden Gattungen der Literatur.

Erörterung: Eingehende Besprechung einer Problemfrage, bei der ein eigener Standpunkt bezogen und mit → Argumenten dargelegt werden soll.
→ dialektische Erörterung
→ steigende Erörterung

Erzählperspektive: Erzählhaltung, Erzählsituation: Was weiß der Erzähler? Kennt er das Innenleben der Personen? Steht er innerhalb oder außerhalb der erzählten Situation?
→ auktorialer Erzählstil
→ personale Erzählsituation

Euphemismus: Beschönigung, Verharmlosung, Verbrämung von etwas Schrecklichem oder Unangenehmem
vollschlank *(statt: dick)*
einschläfern *(statt: töten)*

Fazit: Resümee am Schluss einer Rede oder → Erörterung mit einer bewertenden Zusammenfassung der vorangegangenen Argumentation und Schlussfolgerungen, die sich daraus ergeben.

Femininum: weiblich; neben → Maskulinum und → Neutrum eines der drei Geschlechter
die Frau, sie, die Blüte

freie Erörterung: Im Gegensatz zur → Texterörterung muss hier ein Thema frei und ohne Zuhilfenahme eines Textes diskutiert werden.

Futur (auch: Futur I): Zukunft; wichtige Zeitform des → Verbs
*Ich **werde kommen**.*
*Auch Erna **wird** bald **gelobt werden**.*

Futur des Perfekts (auch Futur II): Selten gebrauchte Zeitform des Verbs, die eine in der Zukunft abgeschlossene Handlung ausdrückt.
*In fünf Jahren **werde** ich es **geschafft haben**.*

Gegenthese: → Antithese

Gegenwart: → Präsens

Genitiv: 2. Fall/„Wes-Fall", steht auf die Frage: wessen?
(die Jacke) des Mannes, der Frau, des Kindes

Gliedsatz: Untergruppe der → Nebensätze, zu der die → Relativsätze nicht gezählt werden.

Hauptsatz: Selbständige Sätze, die im Gegensatz zum → Nebensatz auch für sich alleine stehen können. Der ~ enthält immer zumindest ein → Subjekt und ein → Prädikat.
Hans isst.
Ich freue mich, weil sie kommt.

Hauptwort: → Nomen

Hilfsverb: → Modalverb

Hochsprache (Gegensatz zu → Dialekt und → Umgangssprache): Standardsprache, die in den Medien und in der Literatur verwendet wird; gehobene Sprache.

Hörverstehen: Besondere Aufgabenform, bei der durch unterschiedliche Fragen geprüft wird, ob man einen vorgegebenen Text wirklich verstanden hat.

Hyperbel: starke Übertreibung
Ein Meer von Tränen
Schneckentempo
todmüde

Hypotaxe (Gegensatz zu → Parataxe): Geschachteltes Satzgefüge mit → Nebensätzen; hypotaktische Satzkonstruktionen sind ein Kennzeichen des gehobenen Sprachstils.

Imperativ: Befehlsform
Komm her! Streng dich richtig an!

Imperfekt: → Präteritum

Indikativ (Gegensatz → Konjunktiv): Wirklichkeitsform des → Verbs
Dietlinde weinte bitterlich.
Ottos Mops hopst.

indirekte Rede: Nichtwörtliche Rede, bei der im Gegensatz zur → direkten Rede keine Anführungszeichen stehen. Dafür erfordert die ~ den → Konjunktiv.
Sie sagt, sie wolle es so.

Infinitiv: Grundform des → Verbs, die im Deutschen meistens auf ***-en*** endet.
schreiben; gehen; transportieren

Inhaltsangabe: Sachlich-neutrale Zusammenfassung des wesentlichen Inhalts eines Textes ohne eigene Bewertung oder → Interpretation. Die ~ wird durchgängig im → Präsens geschrieben. Nur die → indirekte Rede ist erlaubt.

Intention: Die offensichtliche oder vermutete Absicht des Verfassers, die er mit seinem Werk verfolgt hat. Die ~ ist ein Schlüsselbegriff für das Verständnis und die → Interpretation von Texten aller Art.

Interpretation: Vorgang und Ergebnis der Deutung von Texten; Erklärung und Verstehen von Literatur.

Interpunktion: Zeichensetzung

Interrogativpronomen: Fragepronomen
Wer? Wann? Warum? Wohin?

Inversion: Umkehrung der normalen Wortstellung im Satz
***Groß** sind die Werke der Meister.*
***Dich** sah ich und war verzückt.*

Ironie (Adj.: ironisch): Redeweise, bei der das Gegenteil des eigentlich Gesagten gemeint ist.
„Das hast du ja wieder toll gemacht."

Jambus (Gegensatz → Trochäus): Häufig verwendeter Versfuß, bei dem auf eine unbetonte eine betonte Silbe folgt.
*Wer **nie** sein **Brot** mit **Tränen** **aß***
Jargon: → Soziolekt, Slang; Sondersprache, die nur von einer Teilgruppe der Gesellschaft oder einer bestimmten Subkultur gesprochen und verstanden wird.

Karikatur: übertreibende witzige Darstellung von Menschen oder gesellschaftspolitischen Zuständen, meist in Form einer Zeichnung und mit einer negativ-kritischen → Intention.
Kasus: Fall; grammatische Kategorie der → deklinierbaren Wortarten. Im Deutschen gibt es vier Fälle:
Nominativ, Genitiv, Dativ, Akkusativ.
Klimax: sich steigernde Reihung von Worten oder Satzgliedern
Er kam, sah und siegte.
Kommentar: Vor allem im Journalismus gebräuchliche Form des persönlich gefärbten wertenden Meinungsbeitrags.
Komparativ: 1. Steigerungsstufe des → Adjektivs
schneller, höher, weiter
Konditionalsatz: Bedingungssatz (engl.: *if-clause)*, wird durch *wenn* oder *falls* eingeleitet.
Wenn das stimmt, dann komme ich.
Konjugation: Beugung des → Verbs
Konjunktion: Bindewort
und, oder, wenn, da, aber, nachdem
Konjunktiv (Gegensatz → Indikativ): Möglichkeitsform des → Verbs
Er sagte, Dietlinde habe geweint.
Ottos Mops würde wieder hopsen, wenn er Otto sähe.
Konsonant (Gegensatz: Vokal): Mitlaut
b, c, d, f, g, h, j, k, l, m ...
kreatives Schreiben → produktives Schreiben
Kreuzreim: Bezeichnung für die Reimstellung *abab*
*Dieses Baums Blatt, das von **Osten***
*Meinem Garten **anvertraut**,*
*Gibt geheimen Sinn zu **kosten**,*
*Wie's den Wissenden **erbaut**.*

Leitartikel: → Kommentar in einer Zeitung oder Zeitschrift an hervorgehobener Stelle
Leitmotiv: wiederholtes Auftauchen eines zentralen Themas an wichtigen Stellen in einem Kunstwerk
Leseverstehen: Aufgabenform, bei der durch gezielte Fragen geprüft wird, ob der gelesene Text auch wirklich verstanden wurde.
lineare Erörterung: → steigende Erörterung
Lyrik: Poetische Dichtung; Gedichte. Die ~ ist neben der → Dramatik und der → Epik eine der drei grundlegenden Gattungen der Literatur.
lyrisches Ich: Bezeichnung für den fiktiven Sprecher oder die Stimme eines Gedichts oder Liedtextes

männlicher Reim (Gegensatz → weiblicher Reim): Reimwort endet auf eine betonte Silbe.
sag – mag
Kranz – Tanz
Maskulinum: männlich; neben → Femininum und → Neutrum eines der drei Geschlechter.
der Mann, er, ein Baum
Metapher: sprachliches Bild; Ausdruck in übertragener Bedeutung
Geldwäsche; Rabeneltern;
Mauer des Schweigens; Zahn der Zeit;
Die Nadel im Heuhaufen suchen
Modalverb/Modalsatz: Bezeichnet die Art und Weise der durch den immer dazugehörenden Infinitiv ausgedrückten Handlung. Im Deutschen gibt es sechs Modalverben: *können, wollen, mögen, dürfen, sollen, müssen.*
Ich kann tanzen.
Sie möchte nicht kommen.
Monolog (Gegensatz → Dialog): Selbstgespräch einer Person, vor allem im Drama; als innerer Monolog häufig auch in der Erzählprosa.
Motiv: Beweggrund, Antrieb. In der Literatur ein thematisch wichtiges Element der Handlung.
***Das Motiv der feindlichen Brüder** in Schillers „Die Räuber" ...*

Nebensatz: Satz, der in einen → Hauptsatz eingebunden ist und von ihm abhängt.
*Und er sah, **dass es gut war.***
*Ich freue mich, **weil sie kommt.***
Neologismus: Wortneuschöpfung
iPad; Berufsjugendlicher; mobilifonieren
Neutrum: sächlich; neben → Femininum und → Maskulinum eines der drei Geschlechter.
das Kind, es, ein Geschenk
Nomen (auch: Substantiv): Hauptwort, Dingwort
Tier; Türklinke; Treue; Transport

Nominativ: 1. Fall/„Wer-Fall", steht auf die Frage: Wer oder was?
der Mann, die Frau, das Kind (hat Hunger)
Objekt: Satzergänzung, die vom → Prädikat abhängt. Man unterscheidet Genitiv-, Dativ- und Akkusativobjekte.
Er gibt ihm das Buch ***des Vaters****.*
Er gibt ***ihm*** *das Buch des Vaters.*
Er gibt ihm ***das Buch*** *des Vaters.*
Orthografie: Rechtschreibung

Paradoxon: scheinbarer oder tatsächlich unauflösbarer Widerspruch
bittersüß; dümmer als der Dümmste
Parallelismus: Wiederholung gleicher oder ähnlicher Satzstrukturen
„Tritt frisch auf! Tu's Maul auf! Hör bald auf!" (Martin Luther)
Parataxe (Gegensatz zu → Hypotaxe): Aneinanderreihung von → Hauptsätzen ohne einen einzigen → Nebensatz.
Josef ist krank. Er liegt im Bett. Er ist schwer krank und kann nicht mehr.
Parenthese: Einschub von Worten in einen Satz
Eines Tages – es war mitten im Sommer – geschah es.
Parodie: Übertreibende Nachahmung eines literarischen Werks, bei der die Form beibehalten und ein eigentlich nicht passender Inhalt hinzugefügt wird.
Märchenparodie; Filmparodie
Partizip Perfekt: Mittelwort der Vergangenheit
geschrieben; gegangen; transportiert
Partizip Präsens: Mittelwort der Gegenwart
schreibend; gehend; transportierend
Passiv (Gegenbegriff zum → Aktiv):
Leidensform des → Verbs
Die Gallier ***wurden besiegt****.*
Sie ***wird*** *von allen* ***geliebt****.*
Perfekt (vgl. auch → Präteritum): Zeitform des → Verbs für Ereignisse, die zwar in der Vergangenheit stattgefunden haben, deren Auswirkungen aber in die Gegenwart hineinreichen. Das ~ wird ansonsten für mündliche Berichte benutzt und in Süddeutschland, in Österreich und der Schweiz durchgängig in der gesprochenen Sprache verwendet.
Er hat mich belogen und betrogen.
Gestern sind wir ins Kino gegangen.
personale Erzählsituation: Im Gegensatz zum → auktorialen Erzählstil wird hier das Geschehen aus der persönlichen Sicht einer der Hauptfiguren geschildert und das Erzählte ist deshalb auf das Hier und Jetzt beschränkt.
Personalpronomen: persönliches Fürwort
ich, du, er, sie, es; wir, ihr, sie
Personifikation: Vermenschlichung einer Sache oder einer Idee; Gegenstände oder auch Tiere und Pflanzen erhalten menschliche Eigenschaften und Fähigkeiten.
Vater Staat; Mutter Natur
Die Sonne lacht, der Himmel strahlt.
Pleonasmus: Sprachliche Figur, bei der dieselbe Eigenschaft von zwei Wörtern genannt wird, meist von einem Substantiv und einem Adjektiv.
weißer Schimmel; runder Kreis
tote Leiche; Grundprinzip
Plural: Mehrzahl
Männer, Frauen, Kinder
Plusquamperfekt: Besondere Zeitform für Vorgänge in der Vergangenheit, die weiter zurück liegen als die Geschehnisse, die im → Präteritum oder im → Perfekt stehen.
Leonardo da Vinci hatte bereits eine Art U-Boot erfunden.
Sie ging sofort, nachdem sie beleidigt worden war.
Possessivpronomen: besitzanzeigendes Fürwort
mein, meine; dein, deine; sein, ...
Prädikat: Satzaussage
Wir schaffen die Prüfung.
Präposition: Verhältniswort
in, an, auf, unter, durch, neben
Präsens: Gegenwart; Zeitform des → Verbs für Geschehen, die sich gegenwärtig ereignen, die sich ständig wiederholen oder die allgemeingültig sind.
Der Chef spricht gerade.
Jeden Morgen um 5 steht er auf.
Rom ist die Hauptstadt Italiens.
Präteritum (vgl. auch → Perfekt): Vergangenheitsform des → Verbs, die für abgeschlossene Ereignisse sowie für schriftliche Berichte und Erzählungen benutzt wird.
Er kam, als sie schlief.
1963 kam Kennedy nach Berlin.
Pro und kontra: Für und Wider einer Sache, die in Form einer → dialektischen Erörterung untersucht werden soll.
produktives Schreiben: Aufgabenform, bei der im Sinne einer vorher bekannten Lektüre ein eigener Text „produziert" werden soll, z. B. als Brief oder als Tagebucheintrag. In den Grenzen der Lektüre darf frei und kreativ gestaltet und geschrieben werden.

Prosa: Nicht durch Verse, Reim oder Rhythmus gebundene Sprache, wie sie für Erzählungen, Kurzgeschichten, Romane und Sachtexte typisch ist.
Protagonist: Hauptdarsteller, vor allem im Drama, aber auch in der → Epik.
Protokoll: Niederschrift über den Verlauf und das Ergebnis eines Vorgangs, einer Besprechung usw.
Stundenprotokoll

Referat: Vortrag, in der Regel mündlich, manchmal aber auch schriftlich.
Reimpaar: Zwei aufeinander folgende, durch einen Reim verbundene Verse *aa bb cc ...*
*Der da mit dem **Hut**,*
*der ist **gut**.*
*Die da mit der **Mütze**,*
*die tritt in die **Pfütze**.*
*Und da vor dem **Juze**,*
*da trägt jemand **Kapuze**.*
Relativpronomen: Bezügliches Fürwort, das stets einen → Relativsatz einleitet.
der, die, das; welcher, welche, welches
Relativsatz: Besondere Untergruppe der → Nebensätze, die ein voranstehendes Satzglied genauer beschreiben und die durch ein → Relativpronomen eingeleitet werden.
Xaver, der strohdumm ist, glaubt ...
Meine Haare, die frisch gestylt sind,
Rezension: Besprechung z. B. eines Buches oder Films, wobei der Inhalt wiedergegeben und bewertet wird.
Rhetorik: Redekunst
Rhetorische Frage: Scheinfrage, deren Antwort aber eigentlich klar ist
Wollt ihr das denn wirklich?

Satire: Spottdichtung, die menschliche Schwächen oder gesellschaftliche Missstände bloßstellt und mit Witz und → Ironie kritisiert, wobei sie übertreibt, um zu verdeutlichen.
Schlagwort: Griffiger, aber meist inhaltsarmer Begriff oder Spruch, mit dem beim Publikum Eindruck gemacht werden soll. *Achse des Bösen ; nachhaltige Wirtschaftsweise*
Schweifreim (auch: umarmender Reim): Reimschema bei dem ein → Reimpaar von zwei anderen sich reimenden Versen eingerahmt ist.
abba; aabccb
*Mit der Schule ist jetzt **Schluss**.*
*Aus und **vorbei**.*
*Noten sind nun **einerlei**.*
*Ein Ende dem ganzen **Verdruss**.*

Semikolon: Strichpunkt; Satzzeichen, das zwei Teilsätze stärker als das Komma, aber weniger als der Punkt trennt.
Er kam zurück; sie aber war weg.
Singular: Einzahl
Mann, Frau, Kind
Slang → Jargon
Soziolekt: Gruppensprache, die nur von einer bestimmten sozialen Gruppe gesprochen wird.
Jugendsprache, Seemannssprache
Standardsprache: → Hochsprache
steigende Erörterung (auch: lineare Erörterung): → Erörterung, bei der ein Standpunkt mit → Argumenten begründet wird, ohne dass Gegenargumente berücksichtigt werden müssen.
Die Vorzüge des Reisens
Welche Vorteile hat ein PC?
Stellungnahme: Äußerung der eigenen Meinung, die oft den Schluss bestimmter Aufgaben wie vor allem der → Erörterung bildet.
Subjekt: Satzgegenstand; der Satzteil, der auf die Frage „Wer oder Was" steht
***Wir** schaffen die Prüfung.*
Substantiv: → Nomen
Substantivierung (auch: Nominalisierung): Bildung eines → Substantivs aus einem → Verb oder → Adjektiv.
das Laufen; mein Lachen; Studierende;
das Blau; die Langsamkeit; das Kreative, die Kreativität
Superlativ: 2. Steigerungsstufe des → Adjektivs
der schönste Mann, die stärkste Frau
Symbol: Sinnbild; Zeichen oder Bild, das einen tieferen Sinn andeutet.
das Kreuz als Symbol des Christentums
die Taube als Friedenssymbol
Syntax: Lehre vom Satzbau
Szenesprache: → Jargon einer bestimmten gesellschaftlichen Gruppe, oft von Jugendlichen.

Tätigkeitswort → Verb
Tempus: Zeit; Zeitform des → Verbs
Textbeschreibung: Aufgabenform, bei der ein vorgegebener Text zusammengefasst und inhaltlich und sprachlich untersucht werden soll. Meistens bezieht sich die Aufgabe einer ~ auf ein Gedicht oder einen kurzen Prosatext.
Texterörterung: Aufgabenform, bei der eine → Erörterung verlangt wird, die von einem vorgegebenen Text ausgeht und darauf aufbaut.
Textkritik: Methode, einen Text kritisch zu untersuchen und zu bewerten.

Textwiedergabe: Der → Inhaltsangabe verwandte Form der Zusammenfassung eines Textes, bei der vor allem der in dem Text enthaltene Gedankengang und sein Aufbau hervorgearbeitet werden sollen.
These: Behauptung; Ausgangssatz; Aussage, deren Wahrheitsgehalt noch überprüft werden muss. In der → dialektischen Erörterung wird die ~ mit der → Antithese konfrontiert, um sie zu bestätigen oder zu widerlegen.
Trivialliteratur: leicht verständliche Unterhaltungsliteratur mit geringem literarischem Anspruch
Trochäus (→ Jambus): Häufig verwendeter Versfuss, bei dem auf eine betonte eine unbetonte Silbe folgt.

__Früh__ling __lässt__ sein __blau__es __Band__
__Wie__der __flat__tern __durch__ die __Lüf__te (Mörike)

Umgangssprache: (→ Hochsprache)
Umlaut: Veränderung eines → Vokals

ä, ö, ü

unreiner Reim: Reimstellung, bei der Vokale und Konsonanten nicht vollständig übereinstimmen.

blüht – flieht
Rat – hat

Verb: Tätigkeitswort, auch: Zeitwort

laufen, lief, gelaufen

Vergangenheit: → Präteritum
Verhältniswort → Präposition
Versmaß: Metrum, also ein bestimmtes sich wiederholendes Muster von Versfüßen oder Takten, zum Beispiel von betonten und unbetonten Silben.
Vokal (→ Konsonant): Selbstlaut

a, e, i, o, u

weiblicher Reim (Gegensatz → männlicher Reim): Reimwort endet auf eine unbetonte Silbe

Gesungen – verklungen
wollen – sollen

Wortspiel: Rhetorische Figur, bei der mit der Mehrdeutigkeit von Worten geistreich und mit Humor gespielt wird.

Wer rastet, der rostet.
Wer nichts wird, wird Wirt.

Zeitwort → Verb
Zitat: wörtlich übernommene Stelle aus einem anderen Text
Zitieren: Übernommene → Zitate müssen kenntlich gemacht und mit Literaturangabe nachgewiesen werden.
Zukunft → Futur

Zur Bewertung der Tests:

Falls nicht in der Lösung anders angegeben, vergibst du pro Teilaufgabe einen Punkt – bzw. ziehst pro Fehler einen Punkt ab. Sind Beispiellösungen angegeben, so bewerte dich selbstkritisch.

Sei vor allem beim Einstiegstest streng in der Bewertung:
Er soll schließlich Aufschluss darüber geben, wo sinnvollerweise bevorzugt geübt werden soll.

Einstiegstest, Seite 7 bis 9

1 Richtig sind diese Schreibweisen: interessantes, vorzuspielen, hieß, wieder, beim gemeinsamen Lesen und Erschließen, ins Grübeln, wussten, Ketchup, dass, dieses Rot, Erdbeermus, Tomatensoße/Tomatensauce, ließ, vorankommen, fassten, das, investieren, superecht, allzu, Plastik, Zum Aufsetzen, schiefgehen

2 Jeden Samstag, wenn es regnet, spielt unsere Familie Mensch-ärgere-dich-nicht. Vater räumt dafür, und das macht er stets akribisch, extra den hölzernen Esstisch, der eine riesig große Platte hat, leer. Danach holt er das flache, quadratische, mittlerweile zerschlissene Spielbrett heraus, auf dem er die Figuren aufbaut. Das wirkt wie ein Ritual, ohne das er sonntags nicht auszukommen scheint. Diesmal startete meine Mutter, ohne mit der Wimper zu zucken, nach zwei Runden mit einer Sechs. Da passierte gleich das erste Malheur, denn mein Bruder Klaus, den ich häufig nur Körper-Klaus nenne, weil er so tollpatschig ist, riss eine der Saftflaschen um, die ich gegen den Durst bereitgestellt hatte, weil er seiner Enttäuschung Luft machen wollte. „Schweinerei!“, schrie mein Vater, als meine Mutter in der nächsten Runde gleich fünfmal hintereinander eine Sechs würfelte. Vor Mutter hatte Klaus gewürfelt, aber das Glück, das er sowieso nicht gepachtet hatte, war ihm auch diesmal nicht hold, und so schmiss Mum drei seiner mühevoll ins Spiel gebrachten, hölzernen Figuren raus. So ging das die ganze Zeit weiter: Klaus hoffte, Vater bangte, Mutter siegte. Mutter, uns nicht aus den Augen lassend, zeigte, dass sie sich über ihre Glückssträhne freute. Na ja, wir sollten das Spiel wohl eher umtaufen in „Familie-ärgere-dich-nicht“.

3
a) Sie schenkten ihr vor kurzer Zeit Turnschuhe: Subjekt – Präd. – Präpositionalobjekt im Dativ – Adverb. der Zeit – Akkusativobjekt
b) Der Fußballer des Aufsteigers wurde von seinen Managern genau unter die Lupe genommen: Subjekt – Gen. Attribut – Präd. – präp. Dativobjekt – Adverb. der Art und Weise – Adverb. der Art und Weise – Präd.
c) Der tosende Sturm machte uns Angst: Subjekt (+ Adjektiv-Attribut) – Prädikat – Dativobjekt – Akkusativobjekt
d) Das hättest du aus Pflichtgefühl tun sollen! Akkusativobjekt – Präd. – Subjekt – Adverb. des Grundes – Präd. + Präd.

4 Adjektiv – Tätigkeitsform – Tätigkeitswort – Konjunktion – Eigenschaftswort – Konjunktiv – Vorvergangenheit – Satzgegenstand – Substantiv (= Nomen)

5 Der Konjunktiv I wird in der indirekten Rede verwendet, der Konjunktiv II in Konditionalsätzen und um Wünsche und Vorstellungen zu äußern.

6 Hoch- oder Standardsprache; Fachsprache; Dialekte; Szenesprachen; Umgangssprache – die letztgenannten drei Sprachebenen sollten in einer Klausur nicht vorkommen!

7 Einleitung, Hauptteil und Schluss

8 Autor, Textsorte, Titel, Thema, handelnde Personen

9 Bei der Gedichtinterpretation kommt es besonders auf die Sprach- und Formanalyse an. Sie sollte in einem engen Bezug zum Inhalt des Gedichts und zur Intention des Autors stehen.

10 Bei a) und c) bietet sich die dialektische Pro- und-Kontra-Erörterung an, bei b) die lineare (= steigende) Erörterung. d) ist ein Grenzfall.

11 In einer Erörterung muss eine Fragestellung mit Argumenten untersucht werden. In der Regel geschieht dies im Rahmen der Pro- und-Kontra-Erörterung, bei der Argumente diskutiert werden, die teils für, teils gegen die Sache sprechen.

12 Bei einer Texterörterung muss der betreffende Text zunächst sehr genau gelesen und erschlossen werden. Die Arbeit selbst beginnt – nach der Einleitung – mit der Textwiedergabe, an die sich die Erörterung der in dem Text thematisierten Frage anschließt. Am Ende sollte eine Zusammenfassung oder die persönliche Stellungnahme stehen.

13 Der Schluss sollte die wichtigsten Ergebnisse der Arbeit kurz und bündig zusammenfassen. Danach darf die eigene Meinung geäußert werden. Dies sollte aber nicht einseitig, sondern differenziert geschehen.

14 Verlaufs- und Ergebnisprotokoll. Besonders wichtig ist bei beiden Formen, dass sie sachlich, wahrheitsgetreu und objektiv geschrieben werden. Eigene Gefühle und Bewertungen gehören nicht in ein Protokoll.

15 Tagebucheintrag, Brief, innerer Monolog, Gespräch, Gestaltung einer Theaterszene, Zeitungsartikel, Kommentar und Buchbesprechung. – Das produktive Schreiben eignet sich vor allem für fantasievolle Schülerinnen und Schüler. Es ist deshalb besonders interessant, weil man sich hier vom Text lösen kann und – allerdings im Rahmen der Vorgabe – selbst kreativ werden darf.

16 Vor allem die Textwiedergabe, die Gedichtinterpretation, die Texterörterung und das produktive Schreiben, manchmal auch noch die „freie Erörterung", das Auswerten von Texten in Zusammenhang mit einem vorher bekannten Rahmenthema und Aufgaben zum Leseverstehen.

17 Für die gründliche Vorbereitung der Klausur von der Themenerschließung bis zur Gliederung rechnet man mindestens ein Viertel der insgesamt zur Verfügung stehenden Zeit, für die Reinschrift etwas mehr als die Hälfte; die verbleibende Zeit nutzt man für kleine Pausen und die Korrektur.

18
1. Die formale Korrektheit der Klausur, vor allem Rechtschreibung und Zeichensetzung, Grammatik und Schriftbild
2. Sprache, Stil und Ausdruck
3. Inhalt / Bearbeitung des Themas / Differenziertheit der Argumentation

Rechtschreibung und Zeichensetzung, Seite 10 bis 29

1 Denise: Weißt du schon, was du morgen Abend machen wirst?
Kai: Am Freitag werde ich wohl bis spät in die Nacht vor dem Computer sitzen und an meinem Englisch-Referat arbeiten, das ich gestern aufgebrummt bekommen habe.
Denise: Und was machst du am Samstag?
Kai: Am Vormittag werde ich ausschlafen, mittags werde ich wie jeden Sonnabend für meine Eltern kochen und abends treffe ich mich mit meinen Freunden. Aber was machst du denn heute Abend?
Denise: Lass mich mal überlegen ... Ach ja, donnerstagabends (auch: donnerstags abends) habe ich Handballtraining. Wie ist es mit Sonntagnachmittag?
Kai: Am Vormittag haben wir immer unser Familienfrühstück und Sonntagmittag fahren wir zum Geburtstag meiner Tante.
Denise: Dann treffen wir uns eben nächste Woche.

2 **Bewerben im Internet**
Immer mehr Zusatzqualifikationen und (mehr) Fachwissen werden auf der Suche nach Arbeit von Bewerbern gefordert. Der Gang zum Arbeitsamt und das Studieren der Tageszeitung reichen oft nicht mehr aus. Das Bewerben im Internet spart nicht nur (viel) Zeit und (viel) Geld, sondern beweist auch (die/gute) Kenntnis des Bewerbers in Sachen Internet. Am besten sucht man auch in (den) Jobbörsen nach passenden Angeboten. Zu den Jobbörsen führen (die) Suchmaschinen, zum Beispiel www.google.de. Viele Jobs und (viele) Ausbildungsstellen werden auch von den meisten Tageszeitungen im Internet angeboten. Hat man eine Stelle gefunden, nimmt der Bewerber den ersten Kontakt zu dem Unternehmen auf, am besten über (eine) E-Mail oder (über das) Telefon. Die Kontaktaufnahme sollte, wie die schriftliche Bewerbung auch, gut strukturiert, ein realistisches Bild der persönlichen Fähigkeiten und kein Griff nach den Sternen sein, sondern kurz und sachlich auf den Punkt kommen. Trotz aller guten Tipps gilt jedoch für das Bewerben im Internet die Devise „Learning by doing". Je mehr der Bewerber ausprobiert, desto höher steigt seine Chance auf eine positive Antwort.

3 a) Gestern lief mein Vater im Zimmer ständig hin und her / ~~Hin und Her~~.
b) Er tat das, weil ich beim ~~bewerben~~ / Bewerben nur Absagen bekommen hatte.
c) Aber dieses ständige ~~hin und her~~ / Hin und Her nervte mich gewaltig.
d) Sein dauerndes ~~wenn und aber~~ / Wenn und Aber verzögerte unser Gespräch.
e) Dabei gingen die beiden / ~~Beiden~~ mit mir durch ~~dick und dünn~~ / Dick und Dünn.
f) Er lief immer wieder vor und zurück / ~~Vor und Zurück~~.
g) Beim ~~vor und zurück~~ / Vor und Zurück merkte er gar nicht, dass ich wartete.
h) Auch meine Mutter rannte aufgeregt rein und raus / ~~Rein und Raus~~.
i) Dann platzte mir bei dem ewigen ~~rein und raus~~ / Rein und Raus der Kragen.

4 **Großschreibung:** etwas Besonderes, beim Suchen, im Folgenden, der Nächste, zum Nachdenken, das Drum und Dran, ins Grüne, etwas Interessantes, im Voraus, das Neuste;
Kleinschreibung: von früh bis spät, die beiden, das wenigste, seit gestern, mittwochs abends, bei weitem, von fern, etwas anderes
Groß- oder Kleinschreibung: (Außer dem angegebenen Beispiel „bei weitem/bei Weitem" gibt es keine anderen Wortgruppen, die sowohl groß- als auch kleingeschrieben werden können.)

5 **Zweifel**
Der heutige Redner war eine Sie und kein Er. Als sie ausführte, vor dem Gesetz gebe es kein Oben und kein Unten, waren bei den Zuhörern ein skeptisches Oh und ein abfälliges Ah zu vernehmen.
Die Rednerin blieb jedoch ohne Wenn und Aber bei ihrer Position, auch als jemand störend dazwischenrief. Sie meinte, man könne zwar im Allgemeinen das Für und Wider aller Standpunkte erörtern. In diesem Falle sei aber auch nach vielem Hin und Her in der Geschichte dieses Rechtsprinzip eindeutig verwirklicht worden.

6 riesig großen (aber: riesengroßen), ernst nehmen, nasskalt, schwerfallen, krankzumelden, schiefgegangen, gutzumachen, winzig kleinen, kleingeschrieben, zusammengeschrieben, totzuschlagen, vollenden, fertigstellen/fertig stellen, blaugrauen, schiefgehen, kommst du voran, taubstumm, toternst, übel nehmen/übelnehmen, kleinlaut, zusammen machen, gut gehen/gutgehen

7 auswendig lernen, gutmachen, wiederholen, zugesagt, zusammen tragen, gut gemacht, aneinander denken, wahrsagen, weitergehen, zusammenreißen, dazwischen fahre, davongetragen

8 Mein Freund ist manchmal so engstirnig, dass man keineswegs mit ihm reden kann. Mitunter ist mir sein Verhalten dann ein wenig zu großspurig. Infolgedessen wirkt er zeitweilig auch wie weggetreten. Auf bestimmte Vorfälle reagiert er irgendwann nur noch kaltschnäuzig. Das kann man ihm dann richtig übel nehmen (auch: übelnehmen), zum Beispiel wenn er beim Fernsehen nicht durch die Kanäle zappen darf. Dann guckt er richtig sauertöpfisch. Auch bei einer Familienfeier kriegt er meist irgendwann einen Koller. Statt sitzen zu bleiben, wenn alle miteinander reden, steht er zumeist auf, um abzuhauen. Aber wenn es wirklich darauf ankommt, wenn ich mich richtig auf ihn verlassen muss, dann schaut er meistens gutmütig drein und steht hinter mir. Deshalb mach ich mir gar keine Sorgen.

9 barfuß, der Rasen, leise, rasten, konfus, der Applaus, der Kies, gießen, der Atlas, außerdem, der Grieß, der Kürbis, er stieß, das Gefäß, der Hinweis, husten, der Erlös, weiß, der Schmaus, das Haus, das Rhinozeros, rosten, sie sauste, das Wesen, fleißig, kosten, das Geheimnis, genießen, der Beweis, der Hase, der bloße Fuß, er blies, der Gruß, das Verlies, das Maß, der Globus, leisten, der Bus, er stieß, der Riese, die Finsternis, die Soße, das Zeugnis, der Fleiß, die Ananas, draußen, die süße Kokosmakrone, der Stoß, die Vase, die Fastenzeit, sie heißt, der Krokus, ungestört, das Versäumnis, tausend, die Fruchthülse, der Spieß, meistens, die Insel, die große Last, der Mist, die Masern, basteln, die Wiesen, das Gemüse, eine riesige Nase, hasten

10 Wie unser groß gewachsener Nachbar hieß, wussten wir lange Zeit nicht. Er war recht höflich und grüßte immer zuerst. Außerdem war er spaßig und wollte immer die neuesten Witze wissen. Sehr selbstbewusst kam er uns jedoch nicht vor. Neulich hat er den Schlüssel innen im Schloss seiner Terrassenwohnung stecken lassen. Er konnte sein Pech nicht fassen und war über alle Maßen verärgert.

Auf Nachfragen reagierte er zunächst recht verschlossen. Vollends gelassen wurde er erst, als er sich bei uns bei einer Tasse Tee entspannte. „Übrigens, mein Name ist Rüdiger Vergesslich".

11
a) fließen, er floss, geflossen, flüssig, Fluss, fließend, Fließpapier, Fließband
b) heißen, er hieß, geheißen
c) beißen, sie biss, gebissen, Biss, Bissen, bisschen
d) schließen, er schloss, geschlossen, Schließfach, Schließmuskel, Verschluss
e) stoßen, er stößt, Anstoß, Stoßdämpfer, stoßsicher, stoßweise, Stoßverkehr

12
a) Martin freute sich furchtbar, dass es endlich schneite.
b) Er dachte kaum darüber nach, dass der plötzliche Wetterumschwung den Autofahrern ziemliche Probleme bereitete.
c) Das sichere Fahren im Auto, das bei diesem Schneefall ein hohes Risiko war, war ohne Winterreifen unmöglich.
d) Dennoch saß Martin am Fenster und amüsierte sich, dass viele Verkehrsteilnehmer wie auf einer Skipiste schlitterten.
e) Er lachte darüber, dass eine Frau auf ihren glatten Sohlen ausrutschte und hinfiel.
f) Einige Hunde sprangen durch das Schneetreiben, das immer dichter wurde.
g) Langsam wurde ihm klar, dass die Schule heute nicht pünktlich beginnen würde.

13 Beim Snowboardfahren, das sich immer größerer Beliebtheit erfreut, sollte luftdurchlässige Kleidung getragen werden. Somit wird sichergestellt, dass ein Überhitzen des Körpers vermieden wird. Das Tragen von Handschuhen, das zur Sicherheit beiträgt, ist Pflicht. Empfohlen wird, dass Helme getragen werden. Es sollte auch darauf geachtet werden, dass geeignete Sonnenbrillen eingesetzt werden. Zudem ist erforderlich, dass Sonnenschutzmittel benutzt werden.

14 Das war ein Abenteuer, das ich nicht vergessen werde: Das Tropengewitter, das zwei Stunden angedauert hat, ist endlich vorbei. Es ist klar, dass wir unseren Weg durch den Urwald nun fortsetzen können. Die Luft ist zum Schneiden dick. Das war aber vorauszusehen. Schwer fällt uns das Atmen, das uns zu Hause keine Probleme bereitet. Immer wieder müssen wir anhalten. Das verzögert das Vorankommen. Undurchdringlich erscheint das Unterholz, das uns mit armdicken Schlingpflanzen und meterdicken Baumstämmen den Weg versperrt. Das Freischlagen des Pfades mit Haumessern gestaltet sich schwierig. Deutlich zu spüren ist, dass die Beine anschwellen und schwer werden. Das ist eine ganz schöne Tortur. Wir schleppen uns so mühsam weiter, dass der Atem immer schneller geht. Kein Sonnenstrahl dringt durch das Blätterdach, das die Bäume bilden. Am Abend rasten wir an einem verlassenen Dorf, das halb verfallen ist. Das entfachte Feuer tut so gut, dass die Strapazen weniger schlimm erscheinen. Ich weiß, dass ich todmüde bin, doch der Urwald hält mich wach – das ist noch viel anstrengender, wenn man eigentlich schlafen möchte. Ringsum spielt der tropische Regenwald das Nachtkonzert, das tausend Tiere kreischen und pfeifen. Ich muss feststellen, dass das nächtliche Höllenspektakel einen nicht zur Ruhe kommen lässt. Das ist kein Urlaub, das ist Abenteuer pur.

15 circa – zirka – etwa, ungefähr – lateinisch
Shrimps – Schrimps – Krabbenart – englisch
Mayonnaise – Majonäse – kalte, gewürzte Sauce aus Eiern und Öl – französisch

16 Fotografie – Photographie – ~~Fotographie~~ – ~~Photografie~~
~~Strofe~~ – Strophe – ~~Strohfe~~ – ~~Strohphe~~
~~Diftong~~ – Diphthong – ~~Difthong~~ – ~~Diphtong~~
~~Filosophie~~ – ~~Vielosophie~~ – Philosophie – ~~Philosofie~~
~~Mehgaphon~~ – Megaphon – Megafon – ~~Megahfon~~

17 Philosoph, Panther, Myrrhe, Rhythmus, Rheuma; Lösungswort: super

18 [Massenmedien sind allgemein dadurch gekennzeichnet], [dass sie sich an eine Masse richten.] [Dies ist ein Publikum], [das nach Alter, Bildungsstand und Anzahl unbestimmt zusammengesetzt ist] [und nicht an einem Ort versammelt ist.] [Die herkömmlichen Massenmedien sind für jedermann zugänglich], [wirken nur in eine Richtung] [und machen eine direkte Kommunikation nicht möglich.] [Sie können also nur auf indirektem Wege zur Wirkung kommen], [nämlich durch technische Hilfsmittel (,) wie Rotationsdruck, Funkwellen, Sende- und Empfangsgeräte.] [Massenmedien kann man also als Transportmittel der indirekten Kommunikation bezeichnen], [die im Leben vieler Menschen einen größeren Raum einnimmt, als die direkte Kommunikation.] [Diese direkte Form findet in der Familie, mit Freunden und Bekannten oder mit Kollegen am Arbeitsplatz statt.] [Wenn wir mit Fremden über Politik, über Sportereignisse, über den neuesten Film reden], [merken wir], [dass fast alle ihr Wissen, oft auch ihre Meinung, aus den Medien beziehen.]

19 Keine Laune der Natur

In England wollten zwei Farmer ihre Schafe davor bewahren, dass sie Fußfäule bekommen. Sie wollten das verhindern, indem sie ihnen Gummihandschuhe anzogen. Der britischen Volkswirtschaft würde durch Fußfäule, wie sie meinten, ein Schaden von einer Million Pfund Sterling entstehen. Sie müssten sich aber klar darüber sein, dass über kurz oder lang ein solcher Schutz für die Schafe nicht ausreicht. Wenn sie nämlich vor Erdfeuchtigkeit geschützt werden, kommen sicher bald andere Krankheiten hinzu. Die Tiere werden nämlich dadurch, dass man sie verwöhnt, bald zu frieren beginnen. Wenn man ihnen Schuhe anzieht, werden sie sich bald auch nach anderen Kleidungsstücken sehnen. So wird es kommen, wie es kommen muss: Nachdem sie sich an die Schuhe gewöhnt haben, werden sie vielleicht sogar Strümpfe tragen wollen. Den Schafen wird man dann auch noch, wenn sie frisch geschoren sind, Hosen anziehen. Es ist nicht einmal auszuschließen, dass kurzsichtige Schafe eines Tages Brillen tragen. Sobald man einmal mit einem solchen Unsinn begonnen hat, kommt man dann auch auf noch verrücktere Ideen. Vielleicht wird man sogar eines Tages ihre Wolle dazu benutzen, dass man ihnen Pullover daraus strickt und sie ihnen anzieht.
Nachdem die beiden Farmer den Bericht in der Zeitung gelesen hatten, beklagten sie sich bitter darüber. Sie waren weiterhin der Meiung, dass sie eine gute Idee gehabt hatten, und sie drohten mit einer Anzeige. Unbekannt ist, ob ihre Idee sich durchsetzen konnte.

20 Nachdem die Meldung in Australien vorlag, dass in England Schafe mit Schuhen versorgt worden waren, ließ es einen Farmarbeiter dort nicht ruhen. Er erfand ein Licht für die Schwänze der Schafe, das so ähnlich leuchtet, wie es die Katzenaugen bei einem Fahrrad tun. Damit das Licht auch hält, wird es mit einer kräftigen Spange befestigt, die am Schwanz des Schafes klemmt. Ob die gefährlichen Raubtiere, die durch dieses Licht erschreckt werden sollen, die Schafe ungeschoren lassen, ist allerdings noch nicht sicher. Wenn sich der Einfall, den dieser Farmer hatte, jedoch als sinnvoll erweist, wird die Natur diese Verbesserung vielleicht einmal selbst in die Hand nehmen. Sie wird dann diese Idee, wie es ihre Sache ist, noch vollkommener gestalten. Das könnte so aussehen, dass in Zukunft Schäfchen zur Welt kommen, die hinten und vorn ein leuchtendes Licht tragen, das sie vor wilden Tieren schützen soll. Vielleicht aber werden sich die Raubtiere wieder umstellen, sodass sie sich an den verführerischen Lichtern von Schafen orientieren können.

21 Ein Besuch in Frankreich

a) Jasmin hatte sich immer gewünscht, einmal ein Jahr in Frankreich zu verbringen.
b) Sie hatte sich aber eigentlich nie zugetraut, es ganz allein zu machen.
c) Doch nun ergab sich die Gelegenheit, ihre Brieffreundin in den Ferien zu besuchen.
d) Denn Claudine freute sich sehr darauf, sie zu sehen.
e) Sie dachte mit Freude daran, auch Claudines Familie kennenlernen zu können.
f) Jasmin, ohne einen Augenblick zu zögern, stimmte sofort zu.
g) Es war schon immer ihr Wunsch gewesen(,) zu fliegen.
h) Und Geld, um ihre Reisepläne zu verwirklichen, hatte sie genug.

22
a) Er legte sein Buch zur Seite, von Langeweile angeödet.
b) Das Einverständnis der Eltern voraussetzend(,) meldete er sich an.
c) Durch einen Imbiss gestärkt(,) setzten sie die harte Arbeit fort.
d) Gut gelaunt schlenderte er durch die Stadt.
e) Er, seinen Gegner nicht aus den Augen lassend, hörte ein Geräusch.

23 Beide Pole der Erde erreicht
Warschau. Janek Mela, ein einbeiniger polnischer Schüler, hat am Silvestertag nach einem gewaltigen Fußmarsch den Südpol erreicht. „Es ist unglaublich, wie er als behin-

derter Junge die Kälte bezwungen hat", kommentiert sein Vater stolz diese Leistung. Für den 16-Jährigen war es der zweite Triumph in wenigen Monaten. Erst im April sei er zum Nordpol gewandert, berichtet Vater Jurek, der den Tatendrang seines Jungen kaum fassen kann. „Mit einem künstlichen Bein hat er sich auf beiden Touren durch die Schnee- und Eismassen gekämpft. Wir haben richtig gut zusammengearbeitet, aber auch zusammen gelitten", berichtet der erfahrene polnische Abenteurer Marek Kaminski, der den Jugendlichen begleitet und unterstützt hat. Mela, der vor zwei Jahren bei einem Unfall einen Arm und ein Bein verlor, wurde damit zum jüngsten Menschen, der innerhalb eines Kalenderjahres Nord- und Südpol erreichte. Das mache ihn zu einem ganz besonderen Menschen, der sich von anderen abhebe, so der Vater.

24 ☒ Symmetrie
☒ Amateurfotograf ☒ Amateurphotograph
☒ sie ist gestern heimgekommen
☒ ein einzelnes Paar Socken
☒ Kräuterlikör
☒ schweißgebadet

25 ... Sand, Kies, Felsbrocken, Dünen, das ist es, was man in der Sahara zu sehen bekommt. Niemand käme heute auf die Idee, in dieser größten Wüste der Erde, die größer ist als das Mittelmeer, Badeurlaub zu machen. Doch gibt es mitten in der Sahara, im Wadi Sura, steinzeitliche Felsmalereien, auf denen Menschen dargestellt sind, die deutlich erkennbare Schwimmbewegungen vollführen. Jüngere geografische Untersuchungen haben ergeben, dass es vor Urzeiten in dieser Gegend einige Meter tiefe Senken gegeben hat, die nach Starkregen mit Wasser gefüllt waren.

26 Es ist schön, wenn ☒ das ☐ dass Wasser plätschert und die Sonne lacht. ☒ Das ☐ Dass musst du dir merken. Wolfgang hat gesagt, ☐ das ☒ dass ☒ das ☐ dass so sein muss. ☐ Das ☒ Dass ☒ das ☐ dass ☒ das ☐ dass auslösen könnte, ☒ das ☐ dass hat niemand gedacht. ☒ Das ☐ Dass ist so, ☐ das ☒ dass ☒ das ☐ dass Niedrigenergiehaus, ☒ das ☐ dass in Deutschland nur ganz selten gebaut wird, ☒ das ☐ dass langfristig günstigste ist. ☐ Das ☒ Dass du dich nicht mehr erinnerst, an ☒ das ☐ dass, was du gesagt hast, ☒ das ☐ dass finde ich erschütternd.

27 Im Wald werden nachts die Bucheckern vor allem von Wildschweinen zunichtegemacht. Eine Fülle Schadenerreger finden sich heute nach wie vor in unseren heimischen Gewässern. Schneeflocken sind genau genommen Kristalle, die zu Sechsecken angeordnet sind.

28 Fehleranalyse zu Erich Kästner: Das letzte Kapitel (1930) (siehe nächste Seite unten)

Zwischentest, Seite 29

1 **Reisen bildet – Sprachkurse im Ausland helfen oft auch für den Beruf**

Am Strand liegen und Vokabeln pauken ~~lästigfinden~~/lästig finden? Im Gegenteil!
Für viele ~~deutsche~~/Deutsche ist das eine reizvolle/~~Reiz volle~~ Urlaubskombination. Mehr als 150 000 Deutsche buchen jedes Jahr einen Sprachkurs im Ausland und ~~wieder holen~~/wiederholen diese Reisen sogar mehrfach. „Der Trend ist seit Jahren ungebremst. Der Anteil Erwachsener hat den jugendlicher/~~Jugendlicher~~ Sprachreisender weit überflügelt", weiß/~~weis~~ Claus Kunze vom Fachverband Deutscher/~~deutscher~~ Sprachreiseveranstalter (FDSV) in Berlin ~~zuberichten~~/zu berichten. Früher habe dabei das Interesse an der Kultur im Vordergrund gestanden, stattdessen/~~statt dessen~~ seien es heute/~~Heute~~ vorwiegend berufliche Gründe. „Immer mehr ~~selbstbewuste~~/selbstbewusste/~~selbst bewusste~~ Erwachsene entdecken Sprachreisen ~~seit dem~~/seitdem ~~zu aller erst~~/zuallererst auch als Single-Urlaub", ergänzt Monika Düngemann, Produktmanagerin für Sprachreisen in München. „Allein in Deutschland gibt es rund sechzig Anbieter", schätzt Kunze. Nicht alle sind seriös, das/~~dass~~ hat er mittlerweile/~~mittler Weile~~ ~~heraus gefunden~~/herausgefunden. Die 21 im FDSV organisierten Veranstalter würden dagegen regelmäßig/~~regelmeßig~~/~~regelmässig~~ Standards wie Lehrerqualität, Ausstattung und Unterbringung kontrollieren lassen/~~kontrollierenlassen~~. Ratschläge gibt auch die Aktion Bildungsinformation (ABI) in Stuttgart, die den Sprachreisemarkt unter die Lupe nimmt und vor „schwarzen/~~Schwarzen~~ Schafen" warnt. Allein LAL Sprachreisen bietet im kommenden Jahr insgesamt sieben Sprachen in 18 Ländern und mehr als 70 Destinationen an.

2 „Wenn die Haifische Menschen wären?", fragte Herrn Keuner die kleine Tochter seiner Wirtin. „Wären sie dann netter zu den kleinen Fischen?" „Sicher!", sagte er, „wenn die Haifische Menschen wären, würden sie im Meer gewaltige Kästen bauen lassen. Mit allerhand Nahrung drin, sowohl Pflanzen als auch Tierzeug. Sie würden sorgen, daß die Kästen immer frisches Wasser hätten, und sie würden überhaupt allerhand sanitäre Maßnahmen treffen, damit sie den Haifischen nicht wegstürben. Vor der Zeit, damit die Fischlein nicht trübsinnig würden, gäbe es ab und zu große Wasserfeste, denn lustige Fischlein schmecken besser als trübsinnige. Es gäbe natürlich auch Schulen in den großen Kästen. In diesen Schulen würden die Fischlein lernen, wie man in den Rachen der Haifische schwimmt. ..."

Grammatik, Seite 30 bis 45

1 Greta in Gedanken

Greta ging (Prät) völlig in Gedanken die Straße entlang. Die Menschen, die rechts und links an ihr vorbeieilten (Prät), sah (Prät) sie nicht. Zu sehr beschäftigte (Prät) sie das gestrige Gespräch mit Jan. Was hatte er da zu ihr gesagt (Plus)? „Du bist (Präs) wirklich ein toller Kumpel!" Kumpel! Pah! Das wollte (Prät) sie nun wirklich nicht für ihn sein! „Wie werde ich von nun an mit ihm umgehen (Fu)?", ging (Prät) es ihr durch den Kopf. Automatisch stoppte (Prät) sie vor einer Ampel. Ohne aufzusehen überquerte (Prät) sie anschließend die Straße. Da sah (Prät) sie das Auto auf sich zukommen. Vor lauter Schreck konnte (Prät) sie sich nicht rühren. Im letzten Moment

---

zu **28**

Das mir vorliegende Gedicht „Das letzte Kapitel", verfasst von Erich	R/Z
Kästner, dessen Entstehungsjahr 1930 ist, thematisiert einen apokalyp-	R/R
tischen Kriegszustand, der von seinem Standpunkt aus gesehen in der	Z
Zukunft stattfindet.	R
Bei diesem Angriff durch „Bombengeschwader der Luftpolizei" wird	Z
die ganze Menschheit ausgerottet.	
Erich Kästner beschreibt, wie die „Weltregierung" beschließt, die ge-	Z/R
samte Menschheit durch ein Giftgas zu vernichten, um den ersehnten	
Weltfrieden wiederherzustellen. Das lyrische Ich beschreibt das leid-	R/R
volle Ende der Menschen sehr detailliert. Deshalb erscheint es auf den	R
ersten Blick tragisch und in jeder Hinsicht bedrückend, indem es die	R/Z
negative Kriegsstimmung vermittelt, doch bei näherer Betrachtung	Z
lässt sich eine gewisse Ironie erkennen, da die Idee, die Menschheit zu	R/R
vernichten, in erster Linie vollkommen absurd erscheint.	Z/Z
Der durchgängige Kreuzreim unterstützt dabei umso mehr den ste-	
tigen Weg zum Ende worauf auch die Überschrift „Das letzte Kapitel"	R/R
mit einer Anspielung auf das Endgültige verweist. Insgesamt ist der	R/R
Inhalt des Gedichts paradox, da man durch Krieg letztlich keinen Frie-	R
den schaffen kann, sondern ihn ganz im Gegenteil zerstört. Es entsteht	Z
der Eindruck, als verfolge man einen Kriegsbericht, was durch ein	Z
regelmäßiges Metrum unterstützt wird, indem der Autor die unauf-	R
haltsame Entwicklung sowie die Leiden der Lebewesen chronologisch	R
wiedergibt.	
Die leicht verständlichen Sätze, welche durch Enjambements gekenn-	
zeichnet sind, lassen das Gedicht wie einen Prosatext wirken und	
machen es dem Leser möglich, das Geschehen ohne Umschweife zu	Z
verfolgen. Die in der ersten Strophe erkennbare Zukunftsvision lässt	R
sich teilweise mit dem Inhalt des Romans „1984" vergleichen, da in	Z
beiden auf eine Zukunft aufmerksam gemacht wird, der sich die Men-	
schen nähern, wenn wir uns nicht ändern. Kästners Intention war es,	Z
den Menschen klarzumachen, dass Krieg keine Lösung für Probleme	R
sein kann ...	

spürte (Prät) sie einen Arm, der sie von der Straße riss (Prät). Freundliche, braune Augen blickten (Prät) besorgt auf sie herab. Eine angenehme Stimme erkundigte (Prät) sich, wie es ihr ging (Prät). „Netter Typ", dachte (Prät) Greta. „Nicht so wie Jan. Und überhaupt: Jan, wer war (Prät) das denn noch mal?"

2 In der Schülervertretungs-Sitzung

Christoph sagte, er habe darüber nachgedacht, für welche Zwecke der Erlös des Schulfestes gespendet werden könne.
Er schlüge vor, das Geld der hiesigen Tafel zu geben.
Dort bekämen Menschen täglich ein warmes Essen, die es sich selbst nicht mehr leisten können.
Er fragte, ob es nicht schlimm sei, dass mittlerweile hier bei uns solch eine Armut herrsche.
Auch einige Schüler unserer Schule seien bereits auf Hilfe angewiesen.
Christoph halte es für sinnvoll, wenn die Einnahmen dahin flössen.
Auch Freiwillige, die die gespendeten Lebensmittel von den Läden abholten, würden immer gebraucht.
Er sagte, wir sollten seinen Vorschlag in den Klassen vorstellen.

3 Einkaufen rund um die Uhr?

In dem Artikel wird die Frage gestellt, ob heutzutage die gesetzlichen Ladenöffnungszeiten noch sinnvoll seien. Immer mehr Geschäfte verlängerten ihre Öffnungszeiten zugunsten der Kunden. Es wird festgestellt, dass vor Kurzem samstags noch um 14.00 Uhr das Wochenende für die Verkäufer begonnen habe, diese mittlerweile aber gar bis 20.00 Uhr ihre Geschäfte für die kauffreudige Kundschaft geöffnet haben müssten/geöffnet hätten. Und selbst dann noch stünden einige Kaufwütige vor der Tür und begehrten Einlass. Es stelle sich die Frage, ob es denn wirklich nötig sei, am Samstagabend noch einen Liter Milch zu kaufen. Eine Supermarktleiterin gab an, dass mittlerweile auch der Sonntag als Einkaufstag im Gespräch sei. Da fragt man sich doch, ob das Einkaufen heutzutage nicht eher als Freizeitbeschäftigung gesehen würde. Demnächst würden einige Menschen also antworten, dass ihr Hobby das Einkaufen sei.

4 Im Fitness-Studio

Seit zwanzig Minuten werden von Jan schwere Hanteln gestemmt. Von seinen Muskeln wird bereits auf eine Pause gehofft. Doch es werden noch Gewichte nachgelegt. Interessiert wird er von Karsten beobachtet. Leichtsinnig wird nach neuen Scheiben gesucht. Jan wird jedoch ermahnt, nicht zu übertreiben. Am Ende der Trainingszeit wird stolz der Muskelumfang seines Oberarmes gemessen. Jan wird deswegen von zwei Mädchen ausgelacht. Nun wird er nicht mehr von Karsten beneidet.

5

a) Ich gehe gerne ins Kino, weil die Filme dort ausdrucksstärker als im Fernsehen sind.
b) Wenn ein neuer Film anläuft, informiere ich mich über ihn.
c) Obwohl der Hauptfilm mich am meisten reizt, verfolge ich auch gerne die Vorschau.
d) Neulich griff ich gerade zum Popcorn, als mich meine Freundin anstieß.
e) Bevor ich die Tüte in Sicherheit bringen konnte, regnete das Popcorn auf die Zuschauer vor mir.
f) Mir war dies furchtbar peinlich, sodass ich froh war, im Dunkeln zu sitzen.
g) Meiner Freundin habe ich leidgetan, andernfalls wäre ich auch sehr böse auf sie gewesen.
h) Sie hat mich anschließend zu einer Pizza eingeladen, damit ich auf andere Gedanken komme.
i) Damit mir so etwas nicht mehr passiert, verzichte ich nun auf Popcorn.

6

Diesmal wollte Maria die Wahl zur Schülersprecherin nicht annehmen, da sie befürchtete, zu wenig Zeit zu haben. Deshalb sollten sich neue Kandidaten zur Wahl stellen, sofern sie ernsthaft interessiert seien. Zuerst wurde Marco vorgeschlagen, wenn er mit dem Amt einverstanden wäre. Allerdings wurde er gefragt, ehe er überlegen konnte, ob er das Angebot annehmen sollte. Daher zweifelte er an sich selbst, denn er fühlte sich ein wenig überfordert. Trotzdem ist er mit seinem Amt sehr zufrieden, nachdem er gewählt wurde. Folglich macht er das Beste daraus, weil er seine Wähler nicht enttäuschen möchte.

7 **Modefimmel**
Meine Schwester ärgert sich über ihre Freundin. Sie steht dauernd vor dem Spiegel. Ständig blättert sie in einem Modejournal. Auf dem Tisch stapeln sich die Journale. Jeden Tag legt sie ein neues auf den Tisch. Dann heißt es: „Das Top ist aus Leinen, die Jeans ist selbstverständlich ohne Bügelfalten. Ich kann mich zwischen all den Kleidungsstücken nicht entscheiden." Wegen dieses Verhaltens hat meine Schwester keine Lust mehr auf ein Treffen mit ihr. Bei jeder Modesendung gerät sie ins Schwärmen. Nach jeder Modenschau will sie Model werden. Ihr größtes Glück wäre, wenn Heidi Klum durch die Tür träte. Unter diesen Umständen verliert sie noch ihre beste Freundin. Vielleicht kommt sie ja doch noch zur Vernunft und sagt: „Ohne dich geht es nicht!"

8
a) Subjekt – Prädikat – adv. Best. d. Art u. Weise – Dativobjekt – Akkusativobjekt
b) adv. Best. d. Art u. Weise – Prädikat – Subjekt – Dativobjekt – Akkusativobjekt
c) Prädikat – Subjekt – Dativobjekt – adv. Best. d. Art u. Weise – Akkusativobjekt

9 Mit einem Schuss schickt ein Maler seine Tiere ins Rennen, bei denen es sich um Kakerlaken handelt.
Die Zuschauer feuern sie an, da sie auf sie gewettet haben.
Weil es selten Termine gibt, ist der Andrang zu den Rennen groß.

10
a) Nee, sowatt abba auch! Datt glaubse nich! Da hatt doch die Gerda 'n Krösken mitten Nachbarn. (Dialekt: Ruhrdeutsch)
b) Also ehrlich, da bin ich gestern wieder nach Sparkauf gegangen, um Angebote zu kaufen, weil die sind ja wirklich immer billig. Da steht da doch so ne Riesenschlange vor. (Umgangssprache)
c) Wer schon als Kleinkind vom Fernseher verwöhnt und ruhiggestellt wurde, der schweigt offenbar auch, wenn er älter ist. (Standardsprache)
d) Das ist ne richtige Bitch. (Jugendsprache)
e) Bei der Ausführung des Eckstoßes darf die Eckfahne nicht entfernt oder verändert werden. (Fachsprache: Fußball)

11
a) Das ist echt ein cooles Shirt!
b) Meine Güte, die nervt vielleicht!
c) Check doch mal, ob einer Bock auf die Disse hat.
d) Die Alte sieht echt geil aus.
e) Halts Maul. Sonst schlage ich dich Krankenhaus.
f) Also, das ist ein voll trauriges Stück über diesen Typen, den Romeo, und seine Tussi, die Julia!
g) Wat willste? Die is doch voll krass: Ich find die oberaffengeil!
h) Was geht? Bist du scheissse im Kopf, oder was?
i) Ich hab keinen Plan und bin total schlecht drauf.
j) Super Idee, aber laber nicht so rum! Mich kannst du nicht zutexten, klar?
k) Das dämliche Mathe ist endlich over.

12 mögliche Bedeutungen:
a) Alex: „Herr Meier ist doch wirklich das Letzte!"
Selbstmitteilung: Ich bin enttäuscht über meine Note.
Appell: Stimmt mir alle zu!
Sachinhalt: Note 5 in der Mathe-Arbeit
Beziehung: Ich bin wütend über die Benotung des Lehrers.
b) Mutter: „Da hilft nur Üben!"
Selbstmitteilung: Ich bin enttäuscht über die Note.
Appell: Übe mehr!
Sachinhalt: Du hast eine schlechte Note geschrieben, weil du zu wenig geübt hast.
Beziehung: Ich mache mir Sorgen um dich.

13 Vater: **Sachinhalt:** Ich gehe jetzt spazieren. Tochter hört **Appell:** Komm doch mit spazieren/**Selbstmitteilung:** Ich habe keine Lust. Herr Müller: **Sachinhalt:** Da kommt ein Radfahrer. Frau Müller hört **Beziehung:** Ich halte dich für eine schlechte Autofahrerin.

Zwischentest, Seite 44 bis 45

1
a) Die Schule (Subjekt) bietet (Prädikat) alles Wünschenswerte (Akkusativobjekt).
b) Gestern (adv. Best. der Zeit) konnte (Prädikat) ich (Subjekt) mich (Akkusativobjekt) während der Sportstunde (adv. Best. der Zeit) im Schwimmbad (adv. Best. des Ortes) erholen (Prädikat).
c) Um heute zu entspannen (adv. Best. des Grundes), sitze (Prädikat) ich (Subjekt)

am Schreibtisch (adv. Best. des Ortes) bei den Hausaufgaben (adv. Best. der Art und Weise).

2 Musik war für Siri lebensnotwendig geworden, denn Stille ertrug sie kaum.
Wenn sie keine Melodien hörte, wurde sie unruhig.
Während sie am schwarzen Konzertflügel saß, vergaß sie alles um sich herum.
Siri musste dennoch täglich üben, obwohl sie ein Naturtalent war.

3 Karsten sagt, er sei gestern bei der Berufsberatung gewesen und habe sich informiert.
Sarah meint, sie habe ihren Ausbildungsbetrieb durch ihr Praktikum gefunden.
Karsten bedauert, dass ihm leider sein Praktikum gar nicht gefallen habe. Er habe wohl falsche Erwartungen gehabt.
Sarah stellt fest, je besser man informiert sei, umso leichter falle einem die Berufsentscheidung.

4 Adjektiv – Handlungsform – Tätigkeitswort – Konjunktion - Eigenschaftswort – Konjunktiv – Vorvergangenheit – Satzgegenstand – Substantiv/Nomen

5 „Murat und Aische gehen dursch Wald, auf Suche nach korrekte Feuerholz. Aische fragt Murat: „Hast du Kettensäge, Murat?" Murat: „Normal! Hab isch in meine Tasche, oder was!?"

„Das ist so geil, dass du dem Freak eine in die Fresse gegeben hast, echt irre toll, dass du so cool bist!"

„Voigt: Heute...heu..heut..
Kalle: Was is' heute?
Voigt: Heute is Sonntag, da passt dort keener uff. Du musst mir nur reinhelfen, det Fenster is für eenen alleene zu hoch.
Kalle: Meinetwegen, Wilhelm. Wenn de meinst, dass da ne Kasse is.
Voigt: Ja, also gegen zehne nach'n Zapfenstreich. Hm?
Kalle: [zu Pleureusen-Mieze] Sie, Frollein, kommense ma 'n bißken näher! Morjenstunde is aller Laster Anfang.
Pleureusen-Mieze: Ach du meenst wohl, Müßigjang hat Jold im Munde, he?

Texte beschreiben und analysieren, Seite 46 bis 57

1 Beispiellösung:
Erster Eindruck: Eine spannende Geschichte mit einer überraschenden Wendung und einem beeindruckenden Schluss; die Geschichte regt zum Nachdenken an und macht deutlich, dass man stärker wird, wenn man sich einem Gruppendruck nicht beugt.
Markieren der wichtigen Stellen: individuelle Lösung

2 Beispiellösung:
Situationsbeschreibung:
- ein junger Kunstspringer vor dem Absprung vom Zehnmeterbrett
- hat Angst und ringt mit sich
- will sich nicht blamieren
- überwindet sich, indem er *nicht* springt

Gedanken und Gefühle des Turmspringers:
- hat Angst, die er sich eingesteht
- denkt über die Erwartungshaltung der Zuschauer nach
- führt einen inneren Monolog

Beziehung zum Publikum/Einschätzung des Publikums:
- „feindlich" (Z. 6)
- Sensationsgier (Z. 7);
- kein Lächeln, „harte Augen" (Z. 11)
- schließlich Verachtung/Publikum nicht mehr wichtig für seine Entscheidung

Innere Entwicklung des Turmspringers:
- zuerst will er sich den anderen beweisen (Z. 8–9)
- dann setzt er sich mit der Situation auseinander
- erkennt, was er selbst will und was nicht
- ändert sein Verhalten und ist stolz darauf (Selbstbestimmung")

Wirkung auf den Leser:
- Erstaunen/Verblüffung: Man identifiziert sich mit dem Jungen.
- Man freut sich, dass sich der Junge nicht beeinflussen lässt.

Vermutete Intention der Autorin:
- Ermunterung, sich selbst zu folgen und nicht einer blinden Masse/Mut haben zu unkonventionellem Handeln

Sprache und Stil:
- Prosatext: gut verständliche Sprache
- Beschreibung des Wassers, das für ihn auch feindlich ist (Z. 1–2)

- Innerer Konflikt wird durch viele Fragen verdeutlicht (Z. 14 ff.)
- Positive Beschreibung des Jungen nach seiner Entscheidung (Z. 21 ff.)

Deutungsmöglichkeiten:

- Eine spannend-lehrreiche Geschichte für junge Menschen, vor allem für Jungen und für Sportler
- Eine Geschichte auch für Erwachsene und Sportzuschauer, die dadurch nachdenklich werden könnten
- Eine Geschichte, die demonstriert, wie wichtig es ist, seinen eigenen Standpunkt zu finden und Zivilcourage zu zeigen.

3 individuelle Lösung
Orientiere dich bei deiner Ausarbeitung an der vorgegebenen Gliederung und füge die Stichworte aus der vorherigen Aufgabe passend ein.

4 Beispiellösung:
Immer wieder geraten wir in Situationen, in denen wir so handeln, wie es andere von uns erwarten. Oft haben wir dabei eigentlich ein schlechtes Gefühl, denken aber auch nicht weiter darüber nach, sondern tun das, was die Gruppe von uns fordert.
In der vorliegenden Kurzgeschichte von Annette Rauert geht es um eine derartige Situation: Ein junger Turmspringer steht ...

5 individuelle Lösung

6 Beispiellösung:
Mit der Kurzgeschichte „Der Schritt zurück" will Annette Rauert zeigen, wie wichtig es ist, in Entscheidungssituationen nicht vorschnell dem Druck einer Gruppe zu folgen, sondern genau zu überlegen, was man selber will – und was nicht. Die Geschichte macht Mut, sich selbst treu zu bleiben, und zeigt, dass ein Schritt zurück auch ein großer Schritt nach vorne sein kann.

7 Beispiellösung:

a) Erster Eindruck: Eine spannende Geschichte, bei der man zunächst nicht so recht weiß, worum es eigentlich geht, ehe man den Zusammenhang allmählich erfährt und den inneren Konflikt des Vaters versteht.
b) Die Episode spielt 1943 in der Zeit des Dritten Reiches/NS-Staats, als viele Menschen wegen abweichender Meinungen verfolgt, inhaftiert oder gar ermordet werden; Hauptpersonen: der Dorfpolizist Jens Uwe Jepsen, sein minderjähriger Sohn (= Ich-Erzähler) und der regimekritische Maler Max Ludwig Nansen.
c) Vor allem geht es um den Entscheidungskonflikt des Vaters, der eigentlich den ihm aufgetragenen Befehl nicht ausführen will, es dann aber doch tut.

8

a) Der Ich-Erzähler ist der Sohn des Polizisten, der das Geschehen aus der Perspektive des Jungen berichtet.
b) Der Junge dürfte dem Vater eher distanziert gegenüberstehen: Er beschreibt ihn als dienstbeflissenen Beamten, der seine „Dienstfahrt" nicht aus Überzeugung antritt, sondern aus Gewohnheit und Pflichterfüllung.
c) Der Maler steht im Widersprich zu Vorstellungen der Machthaber. Er genießt aber in seiner Heimat trotzdem hohes Ansehen. Er malt, so wird deutlich, sehr ausdrucksstarke Naturbilder in ungewöhnlichen Farben, und diese sind es wohl, die den Machthabern „unrealistisch" erscheinen. Was ihm konkret vorgeworfen wird, ist nicht gesagt.
d) Der Wind hat in dem Romanauszug eine zentrale symbolische Bedeutung: er ist unheimlich, unfassbar und bedrohlich; er prüft die Standfestigkeit der Menschen, belagert und plündert. Die menschlichen Eigenschaften des Windes machen deutlich, dass es sich dabei um eine Personifikation handelt. In gewisser Weise steht der Wind für den NS-Staat, er ist jedoch kein eindeutiges Symbol. Der Maler stellt den Wind als Motiv besonders häufig dar und scheint sich damit sehr intensiv zu beschäftigen.
e) Der Vater ist zwar nicht von dem Malverbot überzeugt, sieht es aber als Teil seiner Dienstpflicht an, es zu überbringen. Er handelt also als Beamter, der das ausführt, was ihm aufgetragen wird.
f) Der Text ist äußerlich in fünf Abschnitte unterteilt: Im 1. wird die Situation beschrieben, vor allem der umständliche Aufbruch des Vaters zu seiner Dienstfahrt und der Wind; im 2. Abschnitt geht es um den Wind und den Maler, im 3. werden nochmals der Vater und seine Berufsauffassung beschrieben, in den beiden abschließenden

Abschnitten wird das Verhalten des Vaters geschildert, wobei seine Zwiespältigkeit deutlich wird.

g) Die Sprache ist teils sachlich-beschreibend, teils bildhaft; zu Beginn wird alles sehr ausführlich geschildert, wodurch Spannung aufgebaut wird; die Satzreihung im 3. Abschnitt spiegelt die Unentschlossenheit des Vaters wider und lässt den Leser mitfiebern, ob er sich nicht vielleicht doch widersetzen wird. Die abschließende Beschreibung der Motive des Vaters ist sehr nüchtern, während der Wind sehr eindrucksvoll mit kräftigen Bildern charakterisiert wird. Dadurch wird der Kontrast zwischen dem unsicheren Dorfpolizisten und dem angesehenen Maler besonders deutlich.

h) Das eigentliche Thema des Textes ist der innere Konflikt des Polizisten, der nicht so recht weiß, ob er den ihm aufgetragenen Befehl nun ausführen soll oder nicht. Dahinter verbirgt sich das Problem des Mitläufers, der mehr oder weniger gedankenlos handelt und unselbstständig ist.

i) Lenz will zeigen, dass blinde, gehorsame Pflichterfüllung keinesfalls ein Ideal ist, sondern dass sie den betreffenden Menschen, hier Jens Ole Jepsen, von sich selbst entfremdet.

9 Individuelle Lösung. Orientiere dich bei deiner Ausarbeitung an der vorgegebenen Gliederung und füge die Stichworte aus der vorherigen Aufgabe passend ein.

10 Beispiellösung:
Siegfried Lenz geht es in dem Auszug aus seinem Roman „Deutschstunde" darum zu zeigen, wie problematisch es ist, wenn ein Mensch nur seine Pflicht erfüllt. Seine Geschichte spielt in der Zeit des Dritten Reiches, und zwar während des Zweiten Weltkriegs in einem kleinen Dorf in Norddeutschland. In dem vorliegenden Textauszug beschreibt er den Entscheidungskonflikt des Dorfpolizisten Jens Ole Jepsen, der dem in seinem Ort sehr anerkannten Maler ein durch das Regime beschlossenes „Malverbot" überbringen soll. Jepsen tut sich damit zwar nicht leicht, führt den Befehl dann aber doch gewissenhaft aus.

11 Lösungshinweis:
Achte beim Schreiben darauf, dass du den Text nicht aus den Augen verlierst, sondern beziehe ihn immer wieder in deine Ausführungen mit ein. Denke dabei daran, dass du Zitate nachweist, indem du in Klammern die jeweilige Zeile nennst. Wenn du auf eine Stelle allgemein verweisen möchtest, setze in der Klammer „vgl." hinzu (also z. B.: „vgl. Z. 9 – 14).

12 Der vorliegende Text macht deutlich, wie problematisch es ist, wenn man nur deshalb eine Handlung ausführt, weil sie von außen befohlen wurde. Der Dorfpolizist ist zwar einen Moment lang über sich selbst verärgert (vgl. Z. 28), aber dann tut er doch das, was von ihm erwartet wird. Bei der Beurteilung seines Verhaltens muss man allerdings beachten, dass er in der Zeit der NS-Diktatur als kleiner Polizist kaum Widerstand leisten konnte.
Der innere Konflikt, wie er hier aus der Perspektive des Sohnes beschrieben wird, ist allerdings nicht auf die Zeit des Dritten Reiches beschränkt. Vielmehr gibt es auch heute noch vergleichbare Entscheidungskonflikte, in denen Beamte und Angestellte nur deshalb etwas tun, weil es eine Vorschrift oder eine Anweisung von ihnen so verlangt. In solchen Fällen könnte es nützlich sein, sich zu fragen, ob man dann nicht schon Jens Ole Jepsen ähnelt – und ob man das Verhaltensmuster, das Siegfried Lenz in seinem Roman bloßstellt, nicht vielleicht einmal selbstkritisch überprüfen sollte.

13 Beispiellösung:

a) Erster Eindruck: ein teilweise witziges Gedicht, das aber ein bisschen übertrieben ist; es macht nachdenklich und zeigt, dass die Menschen sich nicht so viel auf ihre technischen Errungenschaften einbilden müssen.

b) Es geht um die Frage, ob sich die Menschheit im Laufe ihrer Geschichte Entwicklung überhaupt positiv entwickelt hat und ob die Erfolge der Technik die Menschen nicht nur satt und selbstzufrieden gemacht haben.

c) Der Ton des Gedichts ist spöttisch und ironisch. Es handelt sich also eindeutig um ein satirisches Gedicht.

14 a) 6 Strophen zu je 5 Zeilen mit einem festen Reimschema (abaab), aber unregelmäßigen, teils etwas holprigen Rhythmen. Die 2. – 5. Strophe gehören thematisch zusammen, die erste Strophe hat einführenden Charakter, in der letzten wird die Schlussfolgerung aus den vorherigen Versen gezogen.

b) Die zentrale Aussage des Gedichts lautet, dass sich die Menschen nur äußerlich und in technischer Hinsicht entwickelt hätten, nicht aber moralisch.

c) Kästner verweist unter anderem auf Asphaltstraßen und Hochhäuser (vgl. Z. 4 f.), auf moderne Heizungen (Z. 7) und WCs (Z. 15), das Telefon (Z. 8) sowie auf Radio und Kino (Z. 11). Er erwähnt weiter wissenschaftliche Errungenschaften in Biologie (Z. 17) und Medizin (Z. 23), in der Atomphysik (Z. 23) und in der Geschichtsforschung (Z. 24 f.). Alle diese Beispiele stehen für das Bestreben der Menschen, das Leben bequemer und interessanter zu machen.

d) Ja! Das Gedicht ist auch und gerade heute noch gültig. Die Beispiele können leicht durch viele neue Entwicklungen aus unserer Zeit erweitert und ergänzt werden. Deshalb ist Kästners Gedicht nach wie vor aktuell. Seine Zeitkritik gilt heute ebenso wie 1931.

e) Siehe etwa das Handy, die moderne Unterhaltungsindustrie, unzählige Erleichterungen des täglichen Lebens vom Toaster bis zur elektrischen Zahnbürste, die Weltraumfahrt, die moderne Biologie, Gentechnik usw.

f) Die Sprache des Gedichts ist durchweg spöttisch und schwankt zwischen Humor und beißendem Zynismus. Das Reimschema (abaab) ist ungewöhnlich und insofern etwas irritierend. Die Unterteilung der Strophen in jeweils fünf Zeilen erinnert an die Scherzgedichte der Limericks, die allerdings ein etwas anderes Reimschema haben. Der Rhythmus der Verse ist nicht regelmäßig, sondern schwankend. Dies alles entspricht der Aussage des Gedichts, das die Menschheit auch nicht wirklich ernst nimmt, sondern verspottet und bloßstellt.

g) Kästner beschreibt die Menschheit aus ironischer Distanz. Er tut dies mit allen Mitteln der Satire. Daher will er auch nicht differenzieren. Vielmehr führt er nur negative Tatbestände an. Er übertreibt bewusst, um seine Kernthese zu verdeutlichen. Seine Übertreibungen wirken erschlagend und leuchten auch unmittelbar ein. Andererseits erscheint das ganze Gedicht doch etwas plakativ.

h) Kästner möchte die Menschen mit seinem Gedicht vermutlich aufrütteln und dazu animieren, sich auch in ihrem Verhalten und Benehmen zu entwickeln.

i) Allerdings! Denn die Menschheit hat ja nicht nur großartige technisch-wissenschaftliche Entdeckungen gemacht, sondern auch in den Künsten und im Zusammenleben neue Möglichkeiten entwickelt, die positiv zu sehen sind.

15 Gebrauche für deine Gliederung die Stichworte aus der vorhergehenden Aufgabe und ordne sie passend ein.

16 Beispiellösung:
Heutzutage, wo bei uns fast jeder über ein Handy verfügt, stellt sich die Frage, ob wir uns durch das pausenlose Telefonieren weiter entwickelt haben oder ob wir dadurch nicht nur noch hektischer, gedankenloser und flüchtiger geworden sind. Hat uns das Handy wirklich etwas gebracht? Hilft es uns dazu, menschlicher zu sein? Sind wir dadurch reifer oder humaner geworden?
Erich Kästner hätte alle diese Fragen sicher mit „Nein" beantwortet. Schon 1931, also noch vor Beginn des Dritten Reiches, hat er das satirische Gedicht „Entwicklung der Menschheit" geschrieben, in dem er die technischen Errungenschaften der Moderne spöttisch beschreibt und bestreitet, dass sich die Menschen in ihrem Verhalten wirklich zum Positiven verändert haben.

17 individuelle Lösung

18 Beispiellösung:
Kästner zeigt überzeugend und anschaulich, dass der technisch-zivilisatorische Fortschritt die Menschen nicht unbedingt besser und vernünftiger gemacht hat. Allerdings müsste man noch genauer untersuchen, ob es nicht auch positive Entwicklungsschritte in moralischer Hinsicht gegeben hat.
Trotzdem hat uns Kästners Gedicht auf jeden Fall auch heute noch viel zu sagen. So könnte

es uns nachdenklich machen, ob beispielsweise der ständige Gebrauch des Handys wirklich so sinnvoll ist. Vielleicht sollten wir uns ab und zu häufiger mit den Menschen unterhalten, die in unserer direkten Umgebung leben – und das Handy gerne einmal ruhen lassen...

Zwischentest, Seite 57

1 Name des Autors, Textsorte, Titel, Hauptperson(en), Thema, ggf. auch Ort und Zeit der Handlung

2
- Gliederung in Einleitung, Hauptteil und Schluss
- kurze Inhaltsangabe
- Aufbau und Gliederung des Textes
- Sprach- und Formanalyse
- Vermutete Intention des Autors
- Was uns der Text heute noch zu sagen hat

3 A) Einleitung
B) Hauptteil: Wirkung des Textes
Inhaltsangabe
Aufbau der Geschichte
Sprachliche Gestaltung
Vermutete Intention der Autorin
C) Schluss: Was wir aus der Kurzgeschichte lernen können

Zur Intention: Kaschnitz will uns mit ihrer kleinen Geschichte zeigen, wie sehr viele Menschen heute von der Natur entfremdet sich in einer künstlichen Welt zu Hause fühlen und damit zufrieden sind – auch wenn sie noch nicht auf einer Weltraumstation leben ...

Argumentieren und Erörtern, Seite 58 bis 71

1 individuelle Lösung

2 **Ziel:** Ozdyk möchte auf den in den Medien und der Werbung propagierten Egoismus hinweisen, durch den verhindert wird, dass sich Menschen den wesentlichen Problemen (Hunger, Kinderarbeit, Armut, Obdachlosigkeit etc.) zuwenden.

Adressat: Menschen jeden Alters; im Speziellen diejenigen, die sich nicht engagieren, nicht Mitmenschen helfen oder unterstützen und sie im Gegenteil ausnutzen oder ausbeuten; auch die Medien und die Werbeindustrie, die derart Parolen und Lebenshaltungen verbreiten.

Thesen:
- Kunden und Verbraucher handeln gegen jedes Gefühl von Anstand.
- In unserer Gesellschaft gibt es einen eindeutigen Werteverfall.
- Verbraucher resignieren angesichts der überhandnehmenden Werbung, wehren sich nicht gegen derartige Beleidigungen.
- Dennoch kaufen sie bei Unternehmen ein, durch die sie beleidigt werden.
- Ohne Menschen, die hilfsbereit sind, könnten andere nicht überleben etc.

3
- Ozdyk beginnt seinen Kommentar mit drei einleitenden Fragen, die indirekt den Schreibanlass begründen und den Leser nachdenklich stimmen; so erreicht er eine gewisse Erwartungshaltung, denn der Leser erwartet Antworten (Z. 1–4).
- Ein Kommentar schwächt die Bedenken nur scheinbar ab, fordert aber Zustimmung heraus.
- Die stetige Wiederholung des Slogans „Geiz ist geil!" (Z. 11/12, 16, ...) wirkt stellenweise wie eine Antwort oder ein Kommentar und lässt die im Vorfeld kritisierte Konsumhaltung der Menschen angesichts der Nöte anderer völlig unmenschlich, gar absurd wirken.
- Konkrete Beispiele und Fakten (Z. 17 ff.) sind zwar Behauptungen, wirken jedoch wie Argumente, gegen die es keine Gegenargumente gibt etc.

4 Ozdyk verwendet nahezu durchgängig Fakten- und Wertargumente, die zwar nicht immer begründet oder hinsichtlich ihrer Folge dargestellt werden, doch sie erscheinen plausibel und müssen aufgrund ihrer Eindringlichkeit größtenteils nicht weiter ausgeführt werden. Somit wird deutlich, dass auch Beispiele oder Fakten als Argumente herangezogen werden können.

5 individuelle Lösung

6 Pro:
- Heutzutage sind viele Menschen so verschuldet, dass ihnen gar nichts anderes übrig bleibt.
- Zeitdruck und Stress verhindern, dass viele überhaupt einmal zur Besinnung kommen.

- Sehr viele Menschen haben nur ihr eigenes Wohl im Sinn – und vielleicht noch das ihrer Familie und Freunde.
- Die Dauerberieselung in den Medien und in der Werbung hat einen weit größeren Einfluss, als viele denken.

Kontra:

- Es gibt immer mehr Bio-Produkte, Fair Trade usw.
- Die Spendenbereitschaft vieler Menschen ist nach wie vor groß.
- Auch das ehrenamtliche Engagement in Vereinen und Kirchengemeinschaften ist nicht zu unterschätzen.
- Es ist oft eher Gedankenlosigkeit als böser Wille, der dazu führt, dass viele nicht mehr für andere tun.

7 Beispiellösung:
Leserbrief eines Schülers: Wer geldgierig ist, bekommt nie genug, und wer den Luxus liebt, hat immer zu wenig. Meiner Meinung nach trifft diese Aussage auf unsere Gesellschaft nur bedingt zu, und daher stimme ich der Meinung, die Günter Ozdyk in seinem Kommentar „Geiz ist geil!" vertritt, nur zum Teil zu. Sicherlich würden ganze Konzerne nicht mit derartigen Slogans werben, wenn sie nicht erwarten würden, damit mehr Konsumenten anzulocken. Aber es gibt eben nicht nur Menschen, die egoistisch um Profit oder billige Preise am Wühltisch kämpfen. Viele engagieren sich ehrenamtlich in Vereinen oder bei den Tafeln der Städte, um Obdachlose zu versorgen. Sie arbeiten als Grüne Damen in Krankenhäusern, um Kranken Trost zu spenden oder Todkranken den letzten Weg zu erleichtern. Auch die Spendenbereitschaft der Bürger und ihr Wille, durch Aktionen Geld zu sammeln, ist groß, wie vor kurzem die Hilfsbereitschaft für die Opfer des Erdbebens in Haiti gezeigt hat. Wenn viele nicht helfen, hat das meiner Meinung nach zum großen Teil mit den Medien oder Konzernen zu tun, die gar nicht oder nur zum Teil aufklären. So würde ich einen Lederball sicher nicht kaufen, wenn ich wüsste, er würde von Kinderhand in Indien hergestellt. Doch dazu fehlen mir eben die Informationen. Andererseits kann ich aber auch Menschen verstehen, die nicht in der Lage sind, sich auszusuchen, wo oder was sie einkaufen, weil sie selber nicht genügend Geld zur Verfügung haben. Ich denke, man sollte differenzieren und nicht einfach alle Menschen in einem Rundumschlag verteufeln. Man muss sich doch nur umschauen, um Gutes zu entdecken.

8 Für eine lineare Form sind die Fragen und Themen a), c), d), e), h) i) und k) geeignet, für eine dialektische Form bieten sich b), f), g), j) und l) an. m) ist ein Grenzfall.

9 Beispiellösung:
Lischka beschreibt in dem vorliegenden Artikel, der im Februar 2010 bei „Spiegel online" im Internet veröffentlicht wurde, die Vorzüge des gerade neu auf den Markt gekommenen Netbooks namens „iPad" der Firma Apple, die immer wieder interessante Produktneuheiten in der Computer-Branche präsentiert hat. Das neue Gerät sei besonders benutzerfreundlich und eröffne zudem Buch- und Musikverlagen sowie den Filmproduzenten große Chancen, künftig über das neue extrem flache und leichte Tablet kostenpflichtige Leistungen anzubieten.
Das neue Gerät ist, so der Autor, besonders für ältere Menschen interessant, die bislang nicht mit den modernen Medien umzugehen vermochten. Das iPad sei dank seines berührungsempfindlichen Bildschirms viel leichter zu bedienen als frühere Geräte und habe für Senioren den weiteren Vorteil, dass man damit ohne irgendwelche Extras jederzeit online sein könne. Lischka zieht aus alledem die Folgerung, seiner Großmutter ein iPad zu kaufen, während er für sich selbst keines anschaffen möchte, weil das Gerät weniger Freiheiten biete als herkömmliche PCs.

10 Lösungshinweis:
Bei dieser Aufgabe ist eine dialektische Erörterung mit Pro und Kontra gefordert. Deshalb darfst du hier keinesfalls einseitig argumentieren. Im Anschluss an den vorliegenden Text von Konrad Lischka lassen sich leicht gute Gründe für den Kauf eines Computers für Senioren finden, die damit Anschluss an die Möglichkeiten der modernen Informations- und Kommunikationstechniken finden können. Auf der anderen Seite musst du auch überlegen, welche Nachteile ein Computer für ältere Menschen haben kann. Trotz aller Erleichterungen sind die Bedienung und Nutzung nach wie vor nicht ganz einfach, was leicht zu Frustrationen führen kann. Außerdem gibt es viele

ältere Menschen, die ganz andere Interessen haben oder die bestehende Gewohnheiten nicht mehr ändern wollen (und können). Für sie stellt sich die Frage, warum sie sich noch mit dem Erlernen einer neuen Technik abmühen sollen.

11 Beispiellösung:
Die Frage, ob Senioren noch einen Internet-Führerschein machen sollten, lässt sich nicht allgemeingültig beantworten. Für viele ältere Menschen, die „noch nicht zum alten Eisen gehören" wollen, ist das sicher eine gute Gelegenheit, um dieses neue Medium nutzen zu lernen. Da das Internet in der Zukunft mit ziemlicher Sicherheit auch für das Alltagsleben noch wichtiger werden wird (z. B. Ticketkauf, Buchung von Urlaubsreisen, aktuelle Informationen), dürfte es auch für aktive Senioren unentbehrlich werden.
Andererseits kann man gut verstehen, wenn alte Menschen sich nicht mehr mit einer neuen Technik, die für sie voller Tücken ist, herumschlagen möchten und sich stattdessen lieber den beschaulichen Seiten des Lebens zuwenden, um sich vielleicht mehr mit Kunst und Religion zu beschäftigen als mit Chats und E-Mails.
Ich selbst bin der Meinung, dass es für Senioren insgesamt dennoch in der Regel sinnvoll ist, sich auf das Internet und seine vielfältigen Möglichkeiten einzulassen. Am besten wäre es sicher, wenn ältere Menschen zusammen einen Kurs belegen und so in einer Gruppe den Internet-Führerschein erwerben würden.

12 Beispiellösung:
a) In seinem Kommentar zum Thema „Geiz ist geil!" aus dem Jahr 2004 kritisiert Günter Oszdyk die in diesem Werbeslogan zum Ausdruck kommende Haltung, die er angesichts von Kinderarbeit und Bauernarmut in der Dritten Welt besonders verwerflich findet.
b) In der fiktionalen Kurzgeschichte „Zu Hause" von Marie Luise Kaschnitz, die 1970 erschien, geht es um Menschen, die auf einer Weltraumstation leben und die sich bei einem Ausflug auf die Erde in der ihnen nicht mehr vertrauten Natur langweilen und lieber fernsehen wollen, als sich länger in einem Wald aufzuhalten.

13 individuelle Lösung

Zwischentest, Seite 71

1 In der dialektischen Erörterung muss das gegebene Thema kontrovers behandelt werden. Es müssen also stets beide Seiten der Medaille, also Vor- und Nachteile untersucht werden, weshalb sich eine einseitige Argumentation verbietet.

2 Ein Zusammenfassung der Ergebnisse, eine persönliche Stellungnahme oder ein Ausblick auf Folgerungen und Fragestellungen, die sich aus dem Hauptteil ergeben.

3 Lösungshinweis:
Bei der Erörterung ist es wichtig, beide Seiten zu berücksichtigen. Du musst also die Argumente der Eltern mit denen der Jugendlichen vergleichen. Bei deiner eigenen Stellungnahme musst du aufpassen, dass sie nicht zu parteiisch wird, vielmehr musst du beide Perspektiven berücksichtigen.

4 Was nicht in die Inhaltsangabe gehört: die Vergangenheit, die direkte Rede, wörtlich übernommene Zitate, Werturteile und die eigene Meinung, Einzelheiten und Beispiele, gefühlvoll geschriebene Schilderungen.

Weitere Aufgabenformen, Seite 72 bis 86

1 Ein Verlaufsprotokoll wäre hier sehr umfangreich und nicht besonders übersichtlich. Außerdem kommt es hier vor allem auf die Ergebnisse an, während der Verlauf der Stunde nicht besonders interessant ist. Auch später, z. B. kurz vor oder während der Klassenfahrt, kann es wichtig sein, sich noch einmal kurz über die vereinbarten Regeln usw. kurz und knapp zu informieren. Dafür aber reicht ein Ergebnisprotokoll vollkommen aus.

2 Beispiellösung:

Anlass der Besprechung:	Klassenfahrt nach Berlin
Datum:	23.5.2010
Beginn:	8.00 Uhr
Ende:	8.45 Uhr
Ort:	Klassenraum der 10 b
Anwesende:	Frau Dierksen, Schüler der 10b
Abwesende:	Carmen
Protokollführer:	*(dein Name)*

Tagesordnung:
TOP 1: Organisatorisches (Abfahrt / Ankunft)

TOP 2: Unterkunft
TOP 3: Programm
TOP 4: Verschiedenes

TOP 1: Abfahrt ist am 7.6.2010 um 7.00 Uhr vom Schulparkplatz an der Holtwicker Straße. Auf der Rückfahrt am 9.6.2010 ist mit der Ankunft um 22.00 Uhr zu rechnen.
TOP 2: Die Adresse der Unterkunft lautet: Hotel Berolina, Stuttgarter Platz 17, Berlin-Charlottenburg. Jeder muss eine Kaution von 25 € hinterlegen. Zimmerlautstärke ist einzuhalten. Für die Mädchen sind Vier-Bett-Zimmer vorgesehen, die Jungen haben zwei Fünf-Bett-Zimmer und ein Drei-Bett-Zimmer zur Verfügung.
TOP 3: Feste Programmpunkte sind am Montagnachmittag eine Stadtführung zu Fuß vom Brandenburger Tor aus und am Mittwochmorgen ein Besuch des Reichstages mit anschließender Kuppelbesteigung. Der Rest der Zeit steht zur freien Verfügung. Schüler melden sich jedoch bei den Lehrern ab und gehen mindestens in Dreiergruppen. Fahrkarten gelten drei Tage lang für U-Bahn, S-Bahn und Busse.
TOP 4:
- Jeder Schüler erhält einen Stadtplan zur besseren Orientierung.
- Handy-Nummern sollen in eine Liste eingetragen werden, damit die Besitzer im Notfall erreicht werden können.
- Krankenkassenkarten sind mitzunehmen.

(Datum und Unterschrift)

3 Individuelle Lösung. Schreibe deine Bewerbung möglichst am Computer. Achte dabei auch besonders auf die äußere Form und das Schriftbild. Orientiere dich hierfür an dem Beispiel auf Seite 76.

4 Die Unterstreichungen ergeben sich aus den folgenden Daten:

Name:	Katharina Neuber
Anschrift:	Dimker Allee 126 48653 Coesfeld Tel. 02541/22143 Kathi@planet.de
Geburtsdatum:	12.9.1995
Geburtsort:	Coesfeld
Eltern:	Marie Neuber, Rechtsanwältin Georg Fischer, Bankkaufmann
Geschwister:	ein älterer Bruder
2001–2005	Grundschule an der Waldstraße in Coesfeld
seit 2005	Jeannette-Wolff-Realschule in Coesfeld
Lieblingsfächer:	Mathematik und Englisch
Schulabschluss:	voraussichtlich Juni 2010 Fachoberschulreife
Kenntnisse:	Computer-Kenntnisse, VHS-Kurs 10-Finger-Tastschreiben
Hobbys:	Basketball spielen, Computer
Betriebspraktikum:	Spedition Sander (3 Wochen)
Berufswunsch:	Floristin

Coesfeld, (Datum)
Katharina Neuber

5 Lösungshinweise:
Informationen zu einer solchen Frage findest du am schnellsten, indem du im Internet eine Suchmaschine benutzt und die entsprechenden Suchwörter eingibst. Bei diesem Thema wäre es aber auch sinnvoll, wenn du ältere Menschen, z. B. deine Großeltern, direkt auf die gegebene Frage ansprichst und ihre Antworten notierst.
Für die Erstellung eines Referats kannst du grundsätzlich alle Techniken des Kapitels „Argumentieren und Erörtern" in diesem Buch anwenden. Achte besonders auf die Ausführungen zu den Fragen einer passenden Einleitung und einem guten Schluss, da Anfang und Ende bei einem Referat besonders wichtig sind. Der Artikel über den iPad von Apple könnte sich sehr gut als Aufhänger für dein Referat eignen und sollte dann ebenso in deiner Zusammenfassung vorkommen.

6 individuelle Lösung

7 Lösungshinweise:
Auch hier bietet sich zunächst eine Internetrecherche an. Du solltest dann aber unbedingt auch noch einen Schauspielführer zu Rate ziehen, um die im Internet gewonnenen Informationen zu überprüfen. Als Einleitung bietet es sich an, einen aktuellen Aufhänger zu suchen: Wie wäre es bei dieser Thematik etwa mit der Gentechnik und dem Klonen?

8 Lösungshinweise:
Versetze dich beim produktiven Schreiben immer zunächst intensiv in die Person, aus deren Sicht du schreiben sollst. Dafür ist es hilfreich, noch einmal die Geschichte zu lesen

und dann die Augen zu schließen und zu überlegen, wie das Geschehen auf die betreffende Person gewirkt haben mag. Und danach beginnst du mit der Stichwortsammlung, machst eine Gliederung, schreibst eine Einleitung – und fährst in gewohnter Weise fort.

9 Lösungshinweis:
Bedenke bei dieser Aufgabe, dass die Geschichte von Siegfried Lenz in der Zeit des Dritten Reiches spielt und dass der Maler überaus gefährdet ist. Er muss also sehr vorsichtig sein; andererseits aber ist er sicher auch mutig und selbstbewusst, oder?

10 individuelle Lösung

Zwischentest, Seite 85 bsi 86

1 Im Ergebnisprotokoll werden lediglich die Ergebnisse festgehalten, während das Verlaufsprotokoll auch den Ablauf des gesamten Geschehens mit berücksichtigt.

2 Anlass der Besprechung: Jährliche Jugendversammlung
Datum: 12.02.
Beginn: 18.00 Uhr Ende: 22.00 Uhr
Ort: Sportlerheim „Eintracht Erle"
Anwesende: Holger Graute und ...
Abwesende: Lena Martens (entschuldigt)
Protokollführer: Holger Graute
TOP 1: Diesjährige Wahlen
TOP 2: Organisation des Fußballturniers
TOP 3: Anschaffungen
TOP 4: Verschiedenes

3 Persönliche Daten, Name, Anschrift, Geburtsdatum, Geburtsort, Name der Eltern, Beruf der Eltern, Geschwister, Schulbildung, Neigungsfächer, Schulabschluss, Betriebspraktikum, Persönliche Interessen, Kenntnisse, Hobbys, Ort und Datum, Unterschrift

4 Beim produktiven Schreiben kommt es vor allem auf Kreativität und Erfindungsreichtum an. Wenn dir das liegt, dann solltest du das unbedingt ausprobieren. Außerdem macht es oft einfach mehr Spaß, etwas produktiv zu schreiben, weil man sich dabei intensiv in eine andere Person versetzen kann und weil man dabei die eigene Fantasie einbringen darf.

5 Lösungshinweise:
Die Geschichte von Peter Bichsel ist sehr kurz und sicher etwas merkwürdig, aber sie lässt dir auch viele Freiheiten, eben weil sie so kurz und fragmentarisch/bruchstückhaft ist. Hier darfst du also deiner Freiheit wirklich ziemlich freien Lauf lassen – und wenn dein Text ziemlich knapp ausfallen sollte, kann man auch nichts dagegen sagen, denn Bichsels Text ist auch nicht umfangreich.

Die Abschlussprüfung, Seite 87 bis 98

1 Frage hierzu am besten deine Lehrer oder unterhalte dich mit anderen Schülern deiner Stufe – oder mit Schülern deiner Schule, die die Prüfungen schon hinter sich haben.

2 Falls du hier noch unsicher bist, so tröste dich damit, dass das ganz normal ist. Vielleicht probierst du einfach einmal verschiedene Aufgabenformen, wie du sie in diesem Buch findest, aus und prüfst danach, wie du damit zurechtgekommen bist.

3 Sobald du die Aufsatzformen kennst, die dir Schwierigkeiten machen, kannst du daran gehen, dich gezielt zu verbessern. Und bei der Abschlussprüfung musst du ja diese Aufsatzformen nicht unbedingt wählen.

4 Lösungshinweis:
Hier ist eindeutig eine dialektische Erörterung gefordert. Du musst also kontrovers diskutieren, ob es wirklich stimmt, dass wir mit unserer Umwelt rücksichts- und verantwortungslos umgehen. Sicher fallen dir hierzu gleich viele Beispiele ein, welche die in der Aufgabenstellung formulierte These bestätigen. Richtig bearbeiten kannst du diese Aufgabe allerdings nur, wenn du umgekehrt genügend Argumente findest, mit deren Hilfe du die These in Frage stellen kannst, indem du anhand von konkreten Beispielen zeigst, wo Menschen die Umwelt schützen und ökologische Aufbauarbeit leisten.

5 Lösungshinweis:
Auch hier musst du dialektisch erörtern und Pro und Kontra berücksichtigen. Warum ist es so wichtig, einerseits Einzigartigkeit anzustreben, andererseits aber auch Übereinstimmung mit anderen zu suchen? Welche Gefahren liegen in diesen beiden Grundbedürfnissen des Menschen, wenn eines der beiden zu sehr dominiert?

6 Lösungshinweis:
Diese Aufgabe erfordert ebenfalls die Form der Pro-und-Kontra-Erörterung. Hüte dich vor einer einseitigen Darstellung! Es geht nicht darum, Computerspiele zu verherrlichen oder zu verdammen, sondern um eine ausgewogene Argumentation, die beide Standpunkt berücksichtigt und dann gegeneinander abwägt.

7 Lösungshinweis:
Auch hier gibt es Gründe, die dafür und dagegen sprechen. Vorschnelles Urteilen verbietet sich hier auch deshalb, weil Schüler mit einem Migrationshintergrund dies sicher anders sehen als diejenigen, die Deutsch als Muttersprache haben.

8 a) individuelle Lösung
b) individuelle Lösung
c) Beispiellösung:
Bei diesem Text geht es um eine versteckte Form von Rassendiskriminierung, die nicht ganz leicht zu entlarven ist. Die Autorin will damit zeigen, wie aktuell dieses Thema ist, selbst wenn viele Menschen so tun, als ob sie nichts gegen Menschen mit einer anderen Hautfarbe hätten. Der Text macht also nachdenklich, besonders weil er so ganz anders endet, als man zunächst denkt.

9 Lösungshinweise:
Bei dieser Gedichtanalyse geht es darum, herauszuarbeiten, wie und warum das lyrische Ich eine starke innere Verbundenheit mit dem farbigen Mädchen in einem New Yorker Vorortzug empfindet und wie sie diese eigentlich erstaunliche Vertrautheit beschreibt. Du musst die Sprach- und Formanalyse mit der Textwiedergabe verbinden und zeigen, das die Form des Gedichts dessen zentrale Aussage unterstreicht und verstärkt.

10 Lösungshinweise:
Bei der Beantwortung musst du dich in die Haut einer Fremden versetzen, die in der ihr unbekannten Metropole unsicher und zurückhaltend ist. Am besten erinnerst du dich dafür an eine Situation, in der es dir ähnlich ergangen ist. Bei der Beschreibung des „dunkelbraunen" (Z. 7) Mädchens ist es wichtig, dass du an ihr Gemeinsamkeiten entdeckst und dich fragst, wie es ihr wohl gehen mag und was sie vielleicht schon alles erlitten hat. Dann solltest du dir überlegen, ob du die Fremde ansprechen sollst oder lieber doch nicht. Vergiss bei alledem auch nicht, die Atmosphäre des Vorortzugs einzufangen! Ist es dort voll? Wie ist die Luft? Was für Menschen sind sonst noch da? Wo macht der Zug Halt? Diese äußere Beschreibung darf allerdings nicht zu ausführlich werden. Vielmehr muss sie gleich zu dem fremden Mädchen führen, das das lyrische Ich in seinen Bann zieht.

Zwischentest, Seite 98

1 8.15 Uhr: Thema erschließen – Stichwortsammlung – Gliederung – Vorschreiben der Einleitung
Pause (5–6 Minuten) gegen 9 Uhr
Ab etwa 9.05 Uhr: Reinschrift

2 Bei einem Blackout musst du den Kopf wieder frei bekommen. Schalte deshalb ab oder nutze die Gelegenheit, zur Toilette zu gehen und dabei nach Möglichkeit außer Atem zu kommen.

Abschlusstest, Seiten 99 bis 101

1 Dieser Roman ist keine Abenteuergeschichte und keine Robinsonade, wie sie zu der Zeit üblich waren. Er ist vielmehr psychologisch ausgerichtet und stellt die seelischen Vorgänge in einem empfindsamen, fantasievollen Menschen in den Vordergrund. Dieser Schwärmer verliebt sich ohne Wenn und Aber in ein hübsches Mädchen, das ihm wesensverwandt ist, aber schon mit einem braven Mann verlobt ist, der für Ordnung und Emsigkeit stadtbekannt ist. Die Liebe kann für die Hauptperson nicht glücklich enden. Die beiden gehen nicht durch Dick und Dünn. Ihn belastet das Gefühl, schuld zu sein an der misslungenen Beziehung, und er steht vor dem Nichts. Von früh bis spät denkt er an sie. Über kurz oder lang blitzt in ihm der Gedanke auf, dass er den Kerker seines Körpers ohne Weiteres verlassen könne, wann er wolle. Das Verfassen des Romans in Briefform erhöht die Möglichkeit des Einfühlens in den Unglücklichen und war zur damaligen Zeit etwas Besonderes. Was den Verfasser dieses Werkes störte, war das starke Interesse seiner Leserschaft an der Frage, was denn an der Sache wahr sei. Kannst du erraten, in welchem Roman der Protagonist diesem ständigen Auf und Ab ausgesetzt ist?

Lösung: Johann Wolfgang von Goethe:
Die Leiden des jungen Werthers

2 Vom Untergang der Titanic waren 1912 Junge und Alte, Kleine und Große betroffen. Der Tod machte weder vor Reich noch vor Arm Halt. Dieses Schiffsunglück, das in unseren Tagen zum modernen Mythos geworden ist, lässt so viele Jahre danach noch die Kassen klingeln, denn immer neue Sachbücher werden verfasst, Filme gedreht, Musicals geschrieben, Katastrophen-Menüs gekocht. Selbst die Lust, die Originalmusik beim Dinner zu hören, verdirbt nicht den Appetit. Titanic-Fan-Clubs, voll auf Untergang eingestellt, verkaufen weltweit T-Shirts, Schlüsselanhänger sowie Aufkleber mit Zeichnungen des sinkenden Schiffes. Es werden sowohl Magazine angeboten als auch Abenteuerspiele, die glaubwürdig die Originaluntergangssituation simulieren, welche bei eingefleischten Fans besonders beliebt ist. Dies ist sicher geschäftstüchtig, clever und profitabel, jedoch auch makaber und abwegig.

3 Mobilfunk sei eine Gefahr für die Bürger. Die Frage, ob die von Mobilfunk-Masten ausgehende Strahlung gefährlich sei, trete eher in den Hintergrund, da das Telefonieren mit dem Handy weitaus gefährlicher sein könne:
10 Minuten mit dem Handy zu telefonieren, bewirke in etwa die Dosis von Strahlen, der man ausgesetzt sei, wenn man einen ganzen Tag in 50 Metern Entfernung von einer Mobilfunkanlage verbringe. Solange es keine gesicherten Erkenntnisse in Bezug auf die Gefährdung gebe, müsse man sensibel sein und verantwortlich mit dieser Technologie umgehen. Denn diese Strahlung könne Konzentrationsstörungen oder Schlaflosigkeit verursachen und sogar Krebserkrankungen auslösen. Deshalb solle man Handys nicht in der Nähe lebenswichtiger Organe tragen.

4

Hauptwort	**Substantiv/Nomen**
Leideform	Passiv
Tätigkeitswort	**Verb**
Bindewort	Konjunktion
Vergangenheit	Präteritum
Möglichkeitsform	**Konjunktiv**
Eigenschaftswort	Adjektiv
Satzaussage	Prädikat
Verhältniswort	**Präposition**

5 Lösungshinweis:
Überprüfe deine Antwort anhand von Seite 41 f.; Szenejargon und Dialektsprache haben im Deutschaufsatz nichts zu suchen – außer, wenn sie in direkter Rede oder als Zitat übernommen werden, wobei sie dann in Anführungszeichen gesetzt werden müssen.

6 Einleitung, Hauptteil und Schluss; fast immer gehören in die Gliederung auch folgende Punkte: Inhaltsangabe, die Leserwirkung des Textes und die vermutete Intention des Autors.

7 Name des Autors; Textsorte; Titel des Textes; Quelle und Erscheinungsjahr; Thema; ggf.: Ort und Zeit des Geschehens, Hauptpersonen.

8 Die Sprach- und Formanalyse, die in Beziehung zum Inhalt sowie zur Aussage des Gedichts und zur vermuteten Intention gesetzt werden sollte.

9 Die Pro-und-Kontra-Erörterung wird auch als „dialektische Erörterung" bezeichnet. Unter „linearer Erörterung" (auch: „steigende Erörterung") versteht man die argumentative Begründung eines Standpunkts, ohne dass Gegenargumente berücksichtigt werden müssen.

10 Eine auf die wichtigsten Ergebnisse begrenzte Zusammenfassung und/oder eine persönliche Stellungnahme sowie evtl. ein Ausblick auf weitere Fragen, die sich aus der Problemstellung ergeben.

11 Protokolle dienen dazu, Vorgänge und Ergebnisse in den verschiedensten Lebens- und Arbeitsbereichen schriftlich und damit verbindlich festzuhalten. Man unterscheidet Verlaufs- und Ergebnisprotokolle.

12 Tagebucheintrag; Brief; innerer Monolog; Dialog; szenische Gestaltung; Rede; Referat; Zeitungsartikel; Kommentar; Buchbesprechung.

13 Etwa ein Viertel bis maximal ein Drittel der zur Verfügung stehenden Zeit. Folgende Arbeitsschritte sollten in dieser Zeit erledigt werden: Themenauswahl – Themenerschließung – Stichwortsammlung – Gliederung – Vorschreiben der Einleitung.

14 Lösungshinweis:
Siehe hierzu die Liste auf Seite 93.